I0057515

Copyright © 2005 by Verlag Gersonde

Verlag Gersonde
Regerstr. 6
D-40822 Mettmann
Tel.: +49(0)2104 91 76 76
Fax +49(0)2104 91 76 77
e-mail: info@gersonde-marketing.de

2. Auflage 2005

Herausgeber: Verlag Gersonde

Titelgestaltung: simonmagnus Kommunikationsdesign

Alle Rechte vorbehalten. Kein Teil dieses Buches darf in irgendeiner Form (Druck, Fotokopie oder einem anderem Verfahren) ohne schriftliche Genehmigung des Verlags Gersonde reproduziert oder unter Verwendung elektronischer Systeme verarbeitet, vervielfältigt oder verbreitet werden.

Der Herausgeber haftet nicht für die Richtigkeit der zur Verfügung gestellten und in diesem Buch veröffentlichten Texte sowie Bildmaterial. Die hier veröffentlichten Autorenbeiträge sind mit größter Sorgfalt bearbeitet und wiedergegeben.
Der Verlag haftet nicht für eventuelle Druck- und Bearbeitungsfehler.

ISBN 3-00-013899-4
Herstellung: Books on Demand GmbH, Norderstedt

Vorwort

Sehr geehrte Damen,
sehr geehrte Herren,

sie halten gerade ein neues praktisches Arbeitsinstrument für Ihre Einkaufspla-
nungen in den Händen. "Der Kommunalmanager" ist eine intelligente Erweiterung
zum Kommunalen Beschaffungsmarkt im Internet.
Sie finden hier innovative Produktbeschreibungen mit Anwendungsbeispielen. Ein
innovatives , modernes Produkthandbuch für qualifizierte Informationen. Durch
die beiliegende CD-Rom erhalten Sie zusätzlich die Möglichkeit, über direkte Ver-
linkungen Kontakt zu den jeweiligen Herstellern aufzunehmen, oder sich weiter zu
informieren. Innovationen, Redaktionen und Informationen in praktisch gebün-
delter Form.

Viel Spaß bei Ihrer Einkaufsplanung,
wünscht Ihnen

Bodo Gersonde
(Herausgeber)

Inhalt

www.ziegeldach.de

BEISPIELHAFTE DACHGESTALTUNG

ARBEITSGEMEINSCHAFT ZIEGELDACH E. V.

Schaumburg-Lippe-Straße 4 · 53113 Bonn · Fax: 0228 91493-30 · info@ziegeldach.de

Dachziegel

Arbeitsgemeinschaft Ziegeldach e.V.

1. Einleitung

Um Sturmschäden an Dächern, vor allem in windreichen Gebieten, wie z. B. in den Küstenregionen weitestgehend zu verhindern, sind Regeln zur Windsogsicherung erforderlich.

Seit September 1997 gilt das überarbeitete Fachregelwerk des Deutschen Dachdeckerhandwerks.

Sowohl in den "Regeln für Dachdeckungen mit Dachziegeln und Dachsteinen" als auch in den "Hinweisen zur Lastenermittlung" finden sich Angaben zur Windsogsicherung von Dachdeckungen.

Abb. 1

Diese Regeln sind bei Planung, Ausschreibung und Ausführung zu beachten.

In der Praxis lässt sich absolute Sturmsicherheit allerdings auch unter Beachtung des Fachregelwerks nicht erreichen, da sich die Ausführungen auf den Normalfall beziehen.

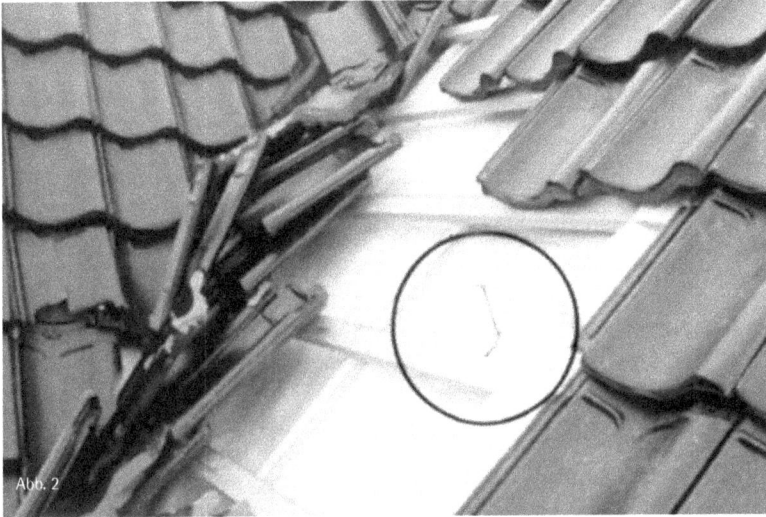

Abb. 2

Werden die Festlegungen des Fachregelwerkes jedoch durch die Erfahrungen der mit den örtlichen Verhältnissen vertrauten Planern und Ausführenden ergänzt, können Bauherren und Sachversicherer davon ausgehen, dass der allgemein anerkannte Stand der Technik beachtet wurde.

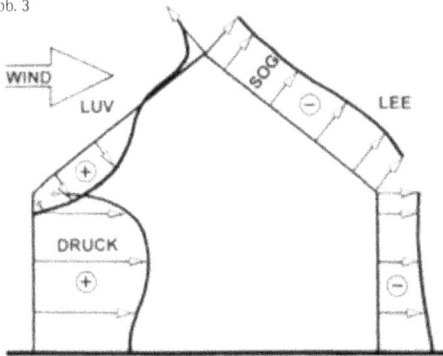

Abb. 3

WIND

SOG

LUV

LEE

⊖

DRUCK

⊕

⊕

⊖

Bei der Dachsanierung sind die Regeln zur Windsogsicherung gleichermaßen zu beachten.

Bei der regelmäßig durchzuführenden Dachinspektionen sind die Befestigungssysteme entsprechend zu berücksichtigen.

Die Dachziegel-Industrie bietet zusammen mit den Herstellern von Befestigungsmitteln Windsogsicherungssysteme für jedes Dachziegelmodell an.

Das Faltblatt stellt einige Grundinformationen zur Windsogsicherheit zusammen. Weitergehende Infos und Berechnungsgrundlagen können bei der Arbeitsgemeinschaft Ziegeldach e.V. unter der Fax Nr. 02 28 / 9 14 93 30 angefordert werden.

2. Grundlagen, Teil 1

Durch Windeinwirkung auf ein Gebäude mit einem geneigtem Dach entstehen Druck- und Sog-Kräfte. Entscheidend für die Windsogsicherung ist die Vergrößerung des Abhebewiderstandes der gesamten Dachziegeldeckung gegenüber Windsog (s. Bilder 3+5). Für ein Grundverständnis zum Begriff der Windlast wird nachfolgend eine kleine Übersicht ihrer bestimmenden Faktoren gegeben.

Deutschland ist in vier Windzonen eingeteilt, denen unterschiedliche Windkräfte zugeordnet werden.

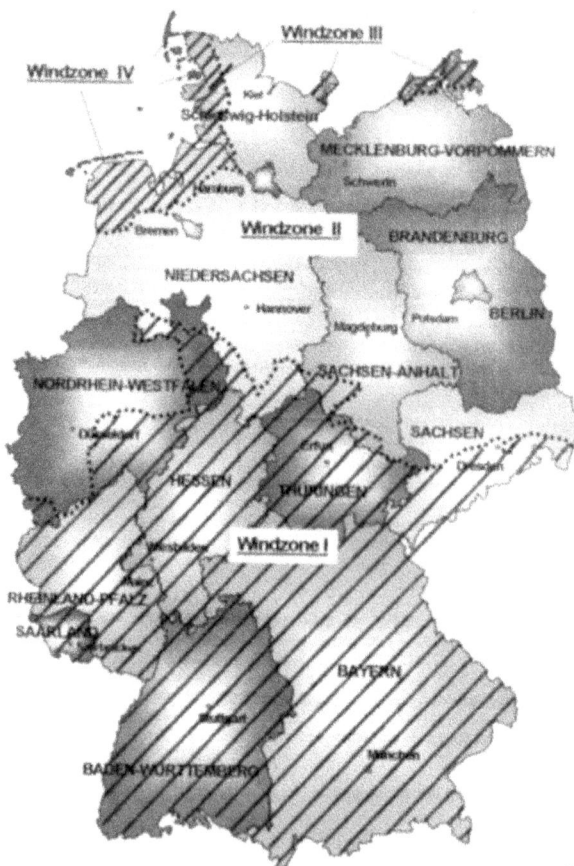

Abb. 4

Ganz Süddeutschland liegt in Windzone I, Norddeutschland liegt in Zone II. Für die Zonen I gilt: ab 600 Meter über NN Zone II, ab 830 Meter über NN = Zone III. Die Nordseeküste und Teile der Ostseeküste liegen in Zone III und die Nordseeinseln bilden die Zone IV. Liegen Gebäude auf der Grenzlinie von zwei Windzonen, ist immer die nächst höhere zu wählen.

2.2 Gebäudehöhe

Vereinfachend wird bei der Gebäudehöhe auf die Firsthöhe über dem bebauten Gelände zurückgegriffen.

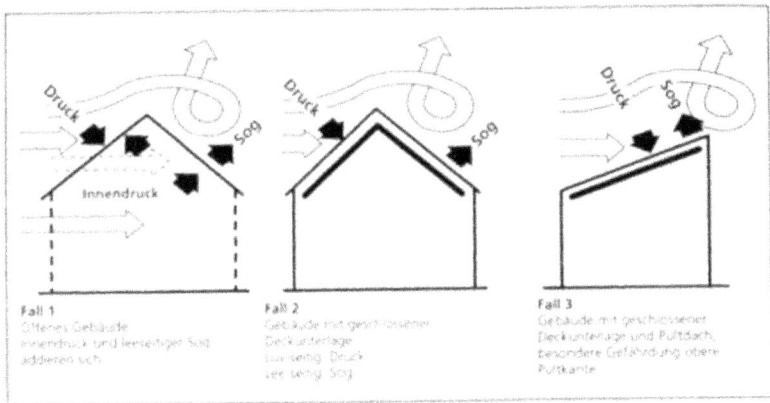

Abb. 5

Sonderfälle ergeben sich in exponierten Lagen, z.B. für Gebäude nahe an Steilküsten, Abgründen o.ä. (s. Bild 7).

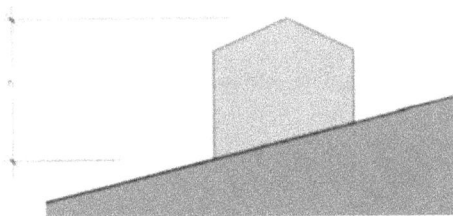

Abb. 6

Nicht nur aufgrund der Geländeform, sondern auch hinsichtlich der Bebauung kann eine exponierte Lage entstehen. So ergeben sich bei freier Anströmung auf der grünen Wiese stärkerer Belastung als in der geschützten Lage einer Wohnsiedlung. Auch die Kanalisierung der Windströmung in Straßenschluchten von Ballungsgebieten kann zu dem Schluss: "Exponierte Lage" führen.

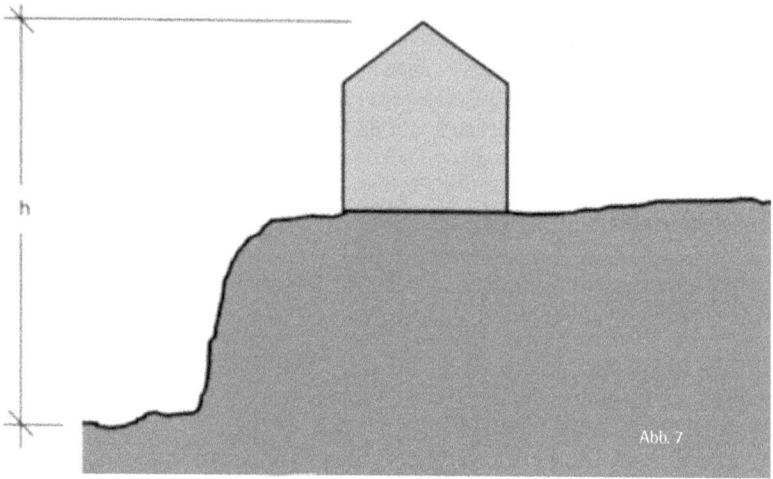

h

Abb. 7

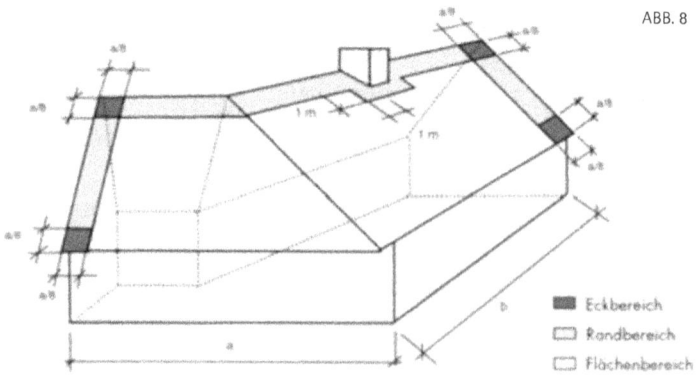

ABB. 8

1 m

1 m

a

b

■ Eckbereich

☐ Randbereich

☐ Flächenbereich

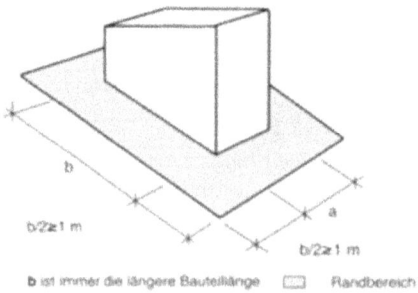

b

b/2≥1 m

a

b/2≥1 m

b ist immer die längere Bauteillänge   ☐ Randbereich

ABB. 9

3. Systemprüfung im Labor

Deutsche Dachziegel werden gem. einem europäischen Normenentwurf (DIN EN 14437, Mai 2002) zusammen mit ihren Befestigungsmitteln im Labor auf dem sog. Abhebewiederstand bei Windsogbelastung überprüft. Bei allen Dachziegelherstellern ist im Zusammenhang mit dem jeweiligen Dachziegelmodell die entsprechende Befestigung (Klammerzahl /qm) in Tabellen nach Windzonen aufgeführt.

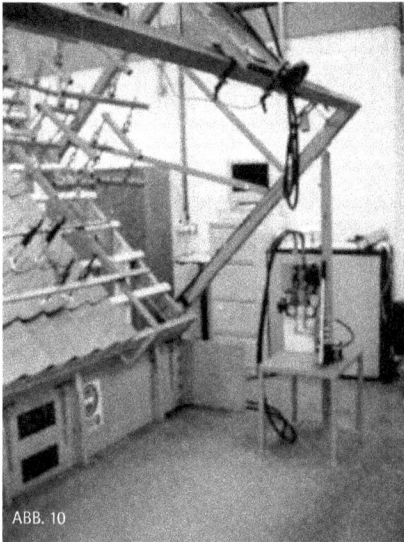

Seitenansicht

Legende:
1. Hydraulische Zug-/Druckvorrichtung
2. Anlegen der Kraft
3./8. Rahmen
4. Messen der Kraft
5. Sparren
6. Verbindung
7. Kabel

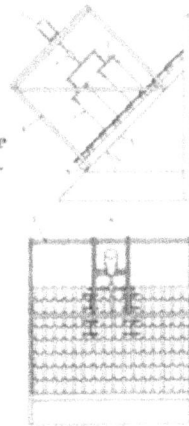

Frontalansicht aus Richtung A

ABB. 10

Sturmschäden. Was ist versichert?

Sturmschäden sind grundsätzlich von den Gebäude-, Hausrat- und Kaskoversicherungen abgedeckt.

Für ein Haus ist zur Erstattung der Sturmschäden eine Wohngebäudeversicherung Voraussetzung. Sie schließt Feuer-, Leitungswasser- und Hagelschäden ebenso mit ein wie Folgeschäden, wenn etwa durch ein abgedecktes Dach Regenwasser ins Haus eindringt und Wände oder Decken beschädigt.

Die Hausratversicherung ersetzt neben Standardleistungen wie Schäden durch Brand, Einbruch und Leitungswasser auch Sturmschäden an Möbeln und anderen Einrichtungsgegenständen.

Die Glasversicherung kommt für Bruchschäden an Fenster- und Türscheiben sowie

Glasdächern auf – einschließlich der Kosten für eine eventuelle Notverglasung.

Sturm- und Hagelschäden am Auto sind durch die Kaskoversicherung abgedeckt. Schäden am Wagen durch umherfliegende Dachpfannen, herabstürzende Äste oder umgestürzte Bäume übernimmt bereits die Teilkaskoversicherung.

Vergleich 1: Gebäude in unterschiedlichen Windzonen

Ort	Trier			Berlin			Leer (Ostfriesland)		
Höhe über NN	130 m			36 m			2 m		
Windzone	I			II			III		
	Mindestklammerzahl pro m² nach Tabelle	zu klammern	Tatsächliche Klammerzahl pro m²	Mindestklammerzahl pro m² nach Tabelle	zu klammern	Tatsächliche Klammerzahl pro m²	Mindestklammerzahl pro m² nach Tabelle	zu klammern	Tatsächliche Klammerzahl pro m²
Ecke	5	Jeder 3. Ziegel	5	7	Jeder 2. Ziegel	7,5	9	Jeder Ziegel	15
Rand	4	Jeder 3. Ziegel	5	6	Jeder 2. Ziegel	7,5	6	Jeder 2. Ziegel	7,5
Fläche		Kein Ziegel			Kein Ziegel			Kein Ziegel	

Als Beispiel dient ein identisches Gebäude für alle Windzonen mit folgenden für die Berechnung relevanten Kriterien:

- Dachneigung: 22°
- Firsthöhe: 18 m
- Dachform: Pultdach (einseitig geneigt)
- Deckunterlage: offen
- Deckung mit Dachziegeln (keine Biber)
- Ziegelbedarf pro Quadratmeter: 15 Stück

Vergleich 2: Unterschiedlicher Ziegelbedarf pro Quadratmeter

Ort	Leer (Ostfriesland)								
Deckung	Dachziegel			Dachziegel			Biber 18/38		
Ziegel pro m²	15			10			36,5		
	Mindestklammerzahl pro m² nach Tabelle	zu klammern	Tatsächliche Klammerzahl pro m²	Mindestklammerzahl pro m² nach Tabelle	zu klammern	Tatsächliche Klammerzahl pro m²	Mindestklammerzahl pro m² nach Tabelle	zu klammern	Tatsächliche Klammerzahl pro m²
Ecke	12	Jeder Ziegel	15	12	Jeder Ziegel	12	10	Jeder 3. Ziegel	13
Rand	9	Jeder Ziegel	15	9	Jeder Ziegel	10	8	Jeder 3. Ziegel	13
Fläche		Kein Ziegel			Kein Ziegel			Kein Ziegel	

Als Beispiel dient ein identisches Gebäude mit folgenden für die Berechnung relevanten Kriterien:

- Ort Leer (Ostfriesland)
- Windzone: III
- Dachneigung: 30°
- Firsthöhe: 22 m
- Dachform: Pultdach (einseitig geneigt)
- Deckunterlage: offen

ABB. 11

Checkliste
Planer / Handwerker

- *Vorgehensweise bei der Windsog-Sicherung*
- Über die Fachregeln des Deutschen Dachdeckerhandwerks abklären welche Windzone, besondere klimatische Situation, Exponierte Lage, Dachform, Dachschichtenaufbau, Dachneigung,
- Standardnachweis (Tabelle der Dachziegelhersteller) heranziehen oder in besonderen Fällen Einzelnachweise durch Tragwerksplaner durchführen lassen.

- *Bauherren, Hauseigentümer*
- Grundwissen über die Sicherungssystematik aneignen, ggf. Planer/Handwerker wegen optimaler Windsog-Sicherung ansprechen
- Bei Dachsanierung für nachträgliche Windsogsicherung sorgen.
- Bei Dachinspektion Windsogsicherung prüfen.

2. Grundlagen, Teil 2, Vergleiche

Ein Dach wird wegen der unterschiedlichen Wind-Sog- und Druckbelastungen in drei Dachbereiche eingeteilt, die unterschiedlich zu befestigen sind:
-Ecke, -Rand, -Fläche (s. Bild 8)

Als Dachdurchdringungen gelten Unterbrechungen der Dachfläche, die mind. an einer Stelle mehr als 0,35 m aus der Dachfläche herausragen und die über mind. eine waagerechte Abmessung von mehr als 0,5 m verfügen. Die Breite des erforderlichen Randstreifens beträgt 1/2 der längeren Seite (b) jedoch mind. 1 m und max. 2 m.

Arbeitsgemeinschaft Ziegeldach e.V.
im Bundesverband der deutschen Ziegelindustrie e.V.
Schaumburg-Lippe-Straße 4
53113 Bonn

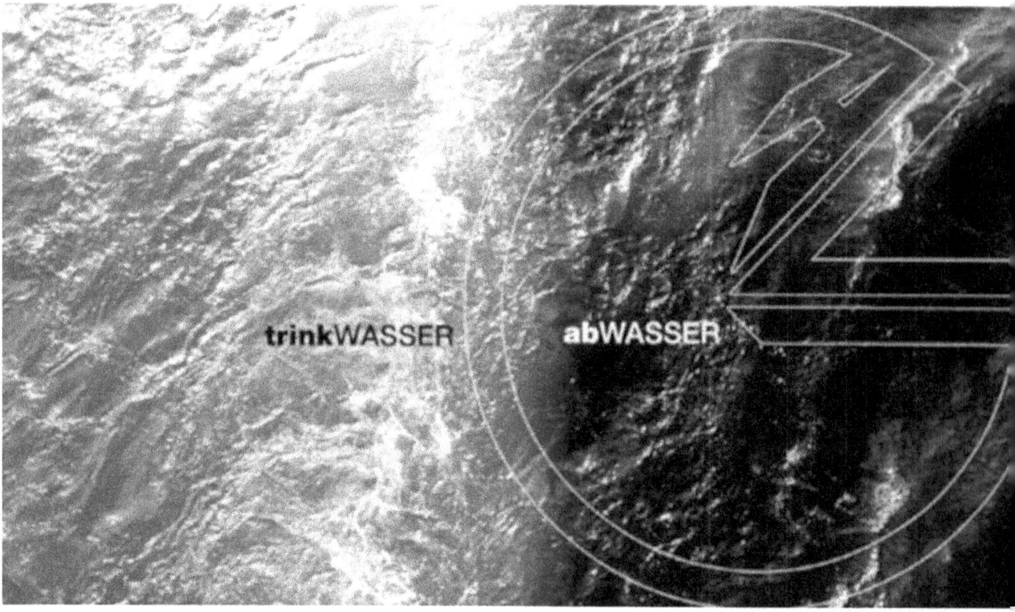

trinkWASSER abWASSER

GAV
EDELSTAHLTECHNIK

ABDECKUNGEN

Brunnenschachtabdeckungen rund/quadratisch
Brunnenschachtabdeckungen einbruchhemmend rund/quadratisch
überflutungssichere Schachtabdeckungen rund/quadratisch
Abdeckungen mit übergreifenden Deckeln begehbar-/befahrbar
Schachtabdeckungen ebenerdig, begeh-/befahrbar
Schachtabdeckungen ebenerdig, mit innenliegenden Scharnieren,
(Klasse B und Klasse D)
Schachtabdeckungen verschiebbar
Acrylglas-Abdeckungen
Frostschutzabdeckungen
Gitterrostabdeckungen
Pumpensumpf-/Schwitzwasserschalen mit Abdeckungen

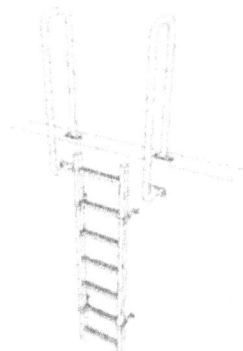

STEIGTECHNIK / FALLSCHUTZ

Einsteigleitern zum Andübeln und zum Einhängen
Einsteigleitern aufschwimmbar
Einsteigleitern mit Rückenschutzkorb
Einsteigleitern mit Klappteilen als Einstiegshilfe
Einstiegshilfen absenk-, herausziehbar und transportabel
Fallschutzschienen, Sicherungsläufer und Sicherungsgurte
Haltebügel, Einsteigbügel
Steigbügel und Steigkästen

TREPPEN/ PODESTE / GELÄNDER

Treppen ein- und mehrläufig
Spindel- und Wendeltreppen
Schiffstreppen
Überstiege
Geländer und Handläufe

TÜREN / FENSTER / LÜFTUNG

Betriebsraumtür
Objektschutztür
Brandschutztür
Fenster aus Edelstahlprofilen
wasserdruckdichte Tür eckig und rund
wasserdruckdichte Mannlochdeckel und Schaugläser
Lüftungsjalousie starr/ beweglich
Ventilationsrohre für seitlichen/ senkrechten Einbau
Entlüftungssysteme

ROHRLEITUNGSBAU

Rohrformstücke
Paß- und Ausbaustücke
Überlauftrichter und Einlaufdüsen
Einspeisungs-/Entnahmerohre
Mauerdurchführungen
Rohrkupplungen
Rohrkonsolen, Rohrunterstützungen, Rohrabhängungen
Brunnensteigrohre/ Saugrohre mit Kupplungen

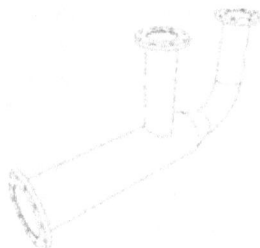

REGELORGANE / ABSPERRORGANE

Rückstauklappe
Steckschieber und Meßwehre
Gewindeschieber
Drosselschieber
Regelschieber
Absenkschieber
Antriebe für Schieber

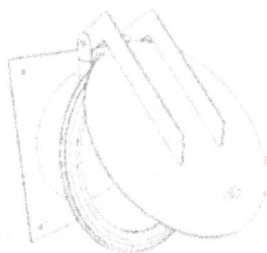

EINBAUTEILE FÜR KLÄRANLAGEN u.s.w.

Grundwasserventile
Prallteller
Rechen rund/eckig/klappbar
Ablauf-/Überlaufrinnen
Zahnschwellen
Rettungs- und Lasthebegalgen

SONDERKONSTRUKTIONEN

Nutzen Sie unsere langjährige Erfahrung und testen Sie unsere
Fähigkeiten, auch kniffelige Probleme zu lösen. Übermitteln Sie
uns Ihre Anfragen für Konstruktionen aus Stahl und Edelstahl
an folgende Adresse:

GAV GmbH • Projekt Zentrum Edelstahl • Herr Günther Mergels
Margaretenstrasse 8
93047 Regensburg
Tel.: ++49 (0) 941-20 850 92 • Fax: ++49 (0) 941-29 837 88
email: GAV.Regensburg@t-online.de

PRODUKTÜBERSICHT EDELSTAHLTECHNIK

Ihre GAV-Partner

GAV-Büro Nord
Rolf Schümann
Hinter den Höfen 7
D-21709 Düdenbüttel
Tel. 0 41 44 / 21 02 11
Fax 0 41 44 / 21 02 12
e-mail: Rolf.Schuemann@t-online.de

GAV-Büro NRW
Kleine Bruchstraße 17
D-45468 Mülheim/Ruhr
Tel. 02 08 / 4 44 95 39
Fax 02 08 / 4 44 95 41
e-mail: Edgar.Rytzmann@t-online.de

GAV-GmbH Boppard
Hellerwaldstraße 6
D-56154 Boppard
Tel. 0 67 42 / 8 72 20
Fax 0 67 42 / 87 22 50
e-mail: Alexander.Rinke@t-online.de
http://www.schachtabdeckungen.de

GAV-Büro Freital
Jürgen Berg
Zöllmener Straße 20
D-01705 Freital
Tel. 03 51 / 6 56 58 55
Fax 03 51 / 6 56 58 58
e-mail: Berg.J@t-online.de

AR-Lux S.àr.l.
matériaux de construction
Buchholzerweg 16
L-5740 Filsdorf
Tel. 00352 / 23 66 20 22
Fax 00352 / 23 66 20 24
e-mail: ar-lux@cmdnet.lu

GAV-Büro Dreis
Erich u. Marco Hoffmann
Unterm Burgberg 7
D-54518 Dreis
Tel. 0 65 78 / 9 88 07
Fax 0 65 78 / 9 88 08
e-mail: Hoffmann.Dreis@t-online.de

GAV-Büro Rüsselsheim
Lothar Schüssler
Telekommunikation & Netzwerke
Walldorfer Straße 18
D-65428 Rüsselsheim
Tel. 0 61 42 / 95 08 91
Fax 0 61 42 / 5 31 96
e-mail: Lothar.Schuessler@web.de

**GAV
Projekt Zentrum Edelstahl**
Margaretenstraße 8
D-93047 Regensburg
Tel. 09 41 / 20 850 92
Fax 09 41 / 29 837 88
e-mail: gav.regensburg@t-online.de

**INTERCERAMICA
SPOL. S R. O.**
Premyslova 969/111
CZ-337 01 Rokycany
Tel.0042 0 18172-4652
Fax 0042 0 18172-3005

GAV-Büro Süd
Max Karnstädt
Mittlerer Lechfeldweg 30
D-86316 Friedberg
Tel. 08 21 / 6 37 27
Fax 08 21 / 66 73 50
e-mail: Mkarnstaedt@t-online.de

WIBATEC GmbH
Am Luzerbach 9
CH-6043 Adligenswil
Tel. 0041 (0) 41-370 10 47
Fax 0041 (0) 41-370 10 26
e-mail:wibatec@wibatec.ch
http://www.wibatec.ch
oder:www.schachtabdeckungen.ch

SBV VertriebsGmbH
Haus 264
A-6300 Itter
Tel. 0043 (0) 53 35 / 40 007
Fax 0043 (0) 53 35 / 40 054
e-mail: sbv-itter@inode.at
http://www.sbv-itter.at

SBV VertriebsGmbH
Margaretenstraße 88-90 / 54
A-1050 Wien
Tel. 0043 (0) 1 / 5 44 53 55
Fax 0043 (0) 1 / 5 44 53 53
e-mail: sbv-wien@inode.at

**GAV GmbH • Hellerwaldstraße 6 • D-56154 Boppard
Tel. ++49 (0) 67 42 - 8 72 20 • Fax ++49 (0) 67 42 - 87 22 50
www.schachtabdeckungen.de**

Lang lebe
die Schacht-abdeckung!

Schluss mit zerstörten Schächten. Selbstnivellierende einwalzbare Schachtabdeckungen aus duktilem Guss bilden eine Einheit mit der Fahrbahndecke. Sie entlasten den Schacht um bis zu 60 %. Selbstverständlich erfüllen sie die europäische Norm – mit 10 Jahren Gewährleistung.

ECON SN

HYDROTEC ~

Technologies

HYDROTEC **Technologies GmbH & Co.KG**
Düngstruper Straße 46 • D-27793 Wildeshausen
Tel.: +49(0) 4431-93550 • www.hydrotec.com

Entwässerung / Kanalisation

Hydrotec Technologies GmbH & Co.KG

Gibt Acht auf Schacht und Entwässerung

Was verbindet Wasserabführung und die Güte von Schachtabdeckungen? Die Herausforderung reibungsloser Straßenverkehr. Nicht wenige Planer und Bausachverständige zerbrechen sich ständig ihre Köpfe darüber, wie sie unerwünschten Wassermengen und Unebenheiten auf der Straße konsequent begegnen können. Wenn Autofahrer fluchen, Spaziergänger stolpern, sich in Bauämtern Akten mit Sanierungsvorhaben türmen, dann ist der Handlungsbedarf akut.

Werfen wir zunächst einen Blick auf Straßendecken und Schachtabdeckungen, die sichtbar die Fahrbahn überragen, respektive Senkungen bilden. Häufig geht das zu Lasten der Bauunternehmen, die bei Mängeln an die Gewährleistungspflicht gebunden sind. Augenfällige Schwachstelle herkömmlicher Konstruktionen ist die Verbindung zwischen Schachtabdeckung und Schachtkonus. Die Rahmen liegen direkt auf dem Konus oder einem Betonausgleichring auf, so dass sich die vertikalen Kräfte und Vibrationen des Straßenverkehrs direkt auf das Schachtbauwerk und den Untergrund übertragen.

In der Folge beginnen die Mörtellagen zwischen dem Schachthals, dem Auflagenring und dem Rahmen aufzureißen. Wasser dringt ungehindert ein, Bausubstanz schwemmt aus, Hohlräume entstehen und die Deckschicht sackt ab. Die Schachtabdeckung wächst regelrecht heraus oder löst sich ganz vom Schacht.
Bei Minusgraden wird das Wasser gar zum Sprengmeister. Eine Fuge kann schnell zur Stolperkante werden.

Schachtabdeckungen gehen schwimmen

Ein wahrer Teufelskreis mit unabschätzbaren Folgen. Wer ihn durchbricht, ist mit einem Schlag viel Ärger los. Und das geht: mit Schachtabdeckungen, die in der bituminösen Deckschicht der Straße schwimmen, der Straßenneigung folgen und sich dem Straßenniveau anpassen. Die selbstnivellierende Schachtabdeckung – eine Weiterentwicklung von Hydrotec Technologies – passt sich den individuellen Straßenverhältnissen an.

Selbstnivellierende Schachtabdeckungen bestehen aus abriebfestem, duktilem Kugelgraphit-Guss. Sie sind biegefester und leichter als herkömmliche, spröde

Lamellenguss-Abdeckungen, die schon beim Anwalzen der Fahrbahndecke Probleme bereiten können. Selbst für Kunststoffschächte sind sie bestens geeignet, da die Lasten weitgehend in die Fahrbahndecke übertragen werden. Das Oberflächendesign der Schachtabdeckung fördert die Abfuhr von Wasser und verhindert damit Ver-eisung und Rutschgefahr auf der Abdeckung. Eine dämpfende Einlage minimiert die Überfahrgeräusche des fließenden Verkehrs.

Austausch leicht gemacht

Zunächst wird die schadhafte Schachtabdeckung ausgefräst oder ausgestemmt. Dabei ist auf eine sorgfältige Reinigung der Auflageflächen zu achten. Die erforderliche Einbauhöhe der Schachtabdeckung muss von der fertigen Fahrbahndecke bis zum DIN Auflagenring ca. 10–16 cm betragen.

Das bituminöse Mischgut wird lagenweise aufgebracht und verdichtet. Dieser Vorgang wiederholt sich, bis 3 cm unterhalb der endgültigen Höhe erreicht sind. Die

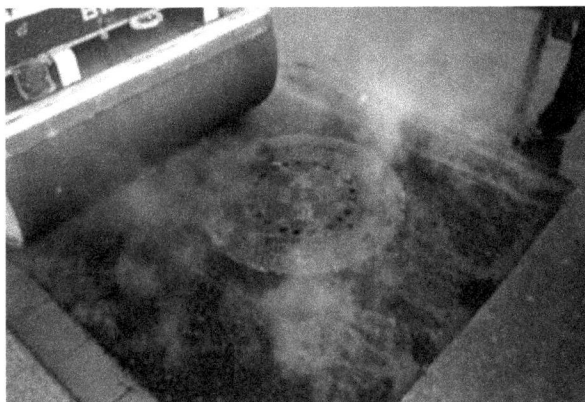

Fuge zwischen Fahrbahn und neuer Decke schließt ein Fugenband. Anschließend wird die Deckschicht aufgebracht, bis sie ein Niveau von 2 bis 3 cm über Straßenniveau erreicht. Der Einbaurahmen wird entfernt. Schließlich wird die Schachtabdeckung in die Öffnung eingesetzt und in die Deckschicht eingewalzt. Die Schachtabdeckung kann jederzeit ohne Beschädigung des Schachtes oder der Schachtabdeckung selbst herausgezogen und wieder eingesetzt werden.

Gut für die Schadenstatistik, gut für die Bilanz: Selbstnivellierende Schachtabdeckungen garantieren eine ideale Lastenverteilung und verringern die Belastung des Bauwerkes. Einbau- und Betriebskosten reduzieren sich erheblich. Selbstverständlich erfüllen alle Schachtabdeckungen von Hydrotec Technologies die Anforderungen der europäischen Norm EN 124. Ein Qualitätsstandard mit zehn Jahren Gewährleistung – damit der Verkehr reibungslos rollt.

Wasser im Zaum halten

Wenden wir uns dem zweiten Problemgebiet zu: Wasser auf der Straße. Nicht selten macht das Nass dem Straßenverkehr zu schaffen. Denn Aquaplaning ist eine häufige Unfallursache. Um die Verkehrssicherheit generell zu gewährleisten, sind günstige Abflussverhältnisse wichtig.

Sachgemäßes Verlegen und hohe Materialqualität sind bei der Entwässerungslösung von größter Bedeutung. Denn Rinnen sind unterschiedlich tragfähig. Wobei bereits die Gründung der Verkehrsbelastung gewachsen sein muss. Mängel am Unterbau und den Tragschichten sowie Verlege- oder Einbaufehler können selbst qualitativ einwandfreie Betonerzeugnisse schnell beschädigen.

Gesetzt den Fall, ein Entwässerungssystem hält von seiner Ausrichtung her Schwerlastverkehr nicht stand und doch rollt ein Lkw schnurstracks darüber: Bruch ist dann vorprogrammiert. Örtliche Pressung infolge von Radlasten kann in Industriegebieten mehr als doppelt so hoch ausfallen wie im normalen Straßenverkehr. Und Spurbildung setzt Straßenoberflächen enorm zu. Sanierungsmaßnahmen sind dann unausweichlich. Hier gilt es vorzubeugen und den Einsatzbereich von Entwässerungsrinnen exakt zu klassifizieren, hinsichtlich Tragfähigkeit und Beanspruchung. Damit das richtige System zum Einsatz kommt – individuell für den jeweiligen Anwendungsbereich.

Rinnensystem MINI

Die Entwässerungsrinne MINI ist problemlos selbst zu verlegen. Ihr Einsatzgebiet umfasst Garagen, Terrassen, Hauseinfahrten und Hofflächen. Hergestellt aus natürlichen Baustoffen, erweist sie sich als durch und durch umweltverträglich. Jedes Element ist mit einem vorgeformten senkrechten Ablauf versehen, ein aufliegendes Rost ersetzt den Kantenschutz. Außerordentlich praktisch: Das passgenaue Stirnprofil ermöglicht schnelles Aneinanderschieben der Elemente.

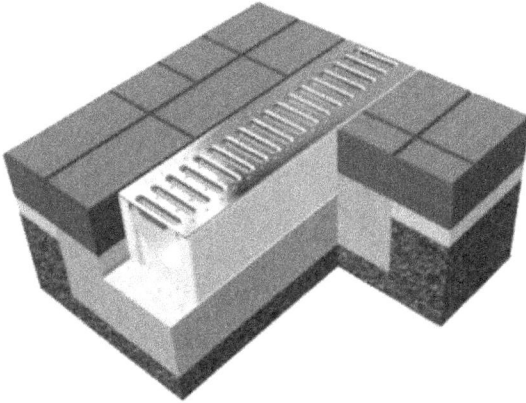

Rinnensystem TOP

Weiträumig einsetzbar und damit preisgünstig für den Garten- und Landschaftsbau: Die TOP-Rinne aus faserverstärktem Beton hält aber auch Rad- und Fußgän-
gerwege, Schulhöfe und Pkw-Parkplätze von Wasser frei.
Sowohl Eck- als auch T- und Kreuzverbindungen lassen sich mit einem Sonderele-
ment legen. Wobei alle Rinnenelemente komplett montiert mit dazugehörigen
Abdeckrosten geliefert werden – wahlweise aus Gusseisen, mit verzinktem Ste-
grost oder Maschenrost. Die Befestigung erfolgt schraublos mit einem patentier-
ten System. Verzinkter Kantenschutz und die Abschlussprofile sind passgenau
gearbeitet. Eine außen am Rinnenkörper angeformte Längsrippe sorgt für eine
feste Verankerung in der Ortbeton-Ummantelung. Den senkrechten Ablauf des
Wassers gewährleistet eine integrierte Vorformung in der Sohle.

Rinnensystem MAXI

Die optimierten Schwerlastrinnen MAXI sowie MAXI+300 eignen sich zur Entwässerung aller Industrieflächen mit Schwerlastverkehr. Dazu gehören neben dem öffentlichen Straßenbereich Flughäfen, Rennstrecken, Lkw-Parkplätze sowie Be- und Entladebereiche.

Die Rinnenkörper bestehen aus faserverstärktem Beton. Eine außen am Rinnenkörper angeformte Längsrippe sorgt für eine feste Verankerung in der Ortbeton-Ummantelung. Alle Rinnenelemente werden komplett montiert mit den dazugehörigen Abdeckungen geliefert. Im gusseisernen Abdeckrost sind Längsschlitze

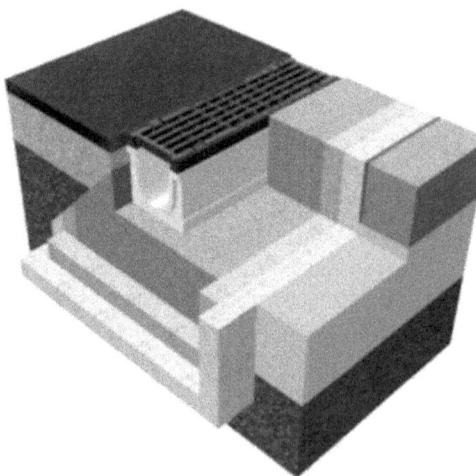

integriert, die 40% mehr Wasser aufnehmen können als entsprechende Querschlitze. Die patentierte Abdeckrostbefestigung überzeugt als schraublose Lösung, der Kantenschutz als langlebige gusseiserne Ausführung. Abschlussprofile passen sich genau an. Für den senkrechten Ablauf ist auch hier in die Sohle eine Vorformung eingearbeitet.

Breite Auswahl, gute Lösungen – für jede Belastungssituation ist das richtige Produkt dabei. Gerne machen wir Ihnen auch individuelle Vorschläge. In bester Qualität zu fairen Preisen.

HYDROTEC Technologies GmbH & Co.KG
Düngstruper Straße 46
D-27793 Wildeshausen

NEU
AUFSITZMAHER HYDRO 144

AUFSITZMAHER HYDRO 124D

NEU
AUFSITZMAHER HYDRO 80

Überzeugen
Sie sich selbst!

Jahr für Jahr bevorzugen immer mehr Profis
ETESIA Aufsitz-, Gestrüpp- und Rasenmäher und
anerkennen damit die Leistungsstarke, die
Benutzerfreundlichkeit und die Zuverlässigkeit
unserer Geräte.

Überzeugen Sie sich selbst ! Vorführungen auf
Anfrage unter Tel. 0 800 / 18 28 324 oder per
Mail unter etesia@etesia.com

⧄ETESIA
Besser abschneiden

w w w . e t e s i a . c o m

Grünpflege

ETESIA

Besser abschneiden

10 Jahre Innovationen für die Profis der Grünflächen.
Ein leistungsstarkes Netz von Händler in mehr als 30 Ländern.

HISTORIE
ETESIA wurde 1989 gegründet und gehört zu der Outils WOLF Gruppe.

AKTIVITÄT

Herstellung und Vermarktung von Mähern und Gestrüppmäher für die Profis und
für den privaten Einsatz.

ETESIA in kurzem...

- *ETESIA hat entschlossen den Weg des feinen Unterschieds eingeschlagen. Ein einzigartiges Verfahren, um mähen und Gras aufnehmen bei alle Wetter Bedingungen.*

- *Ein Vetriebnetz: es wird von einem Spezialistenteam gebildet, mit dem ETESIA eine partnerschaftliche Zusammenarbeit aufgebaut hat.*

- *Nutzen Sie den Rat einer Firma mit mehr als 40 jähriger Erfahrung im Gartenbereich.*

- *Eine Firma mit Weltweitlicher Ausstrahlung.*

- *Das Werk ETESIA ist ein Modell für Technologie und Innovation.*

- *Das Unternehmen ist in mehr als 25 Ländern präsent, wo es von einigen 500 Vertragshändler oder Importeuren vertreten wird (Europa, Süd Amerika, Afrika, die Vereinten Arabischen Emirate, ...)*

Konzept ETESIA

ETESIA ist die professionnelle Antwort für die Pflege Ihrer Grünfläche !

Das ETESIA-Konzept ist Mähen ohne Kompromiss!

Ein einzigartiges Konzept für :
- 100 % Grasaufnahme
- 100 % Mulchen
- 100 % Gestrüppmähen

-Komfort & Ergonomie
-Zuverläßigkeit & Robustheit
-Normen & Sicherheit

100 % Grasaufnahme

Ein völlig neues und bisher unerreichtes Konzept : Mähen- und Grasaufnehmen in allen Lagen.

Schluss mit dauernd verstopften Rohren. Die Lösung: der direkte Schnittgrasauswurf (ohne Getriebe zwischen den Räder).
Die Vorteile dieses Systems :
- Direkter Auswurf
- Kein Verstopfen
- Optimales Füllen des Korbes

Durch die Saugkraft der Messer wird das Gras direkt in den Korb geworfen:
Der Korb füllt sich von hinten nach vorn, was eine 100 % Füllung ermöglicht.

Ein perfektes Schnittbild
Die beiden gegenläufig drehenden Messer sind um 90° versetzt, so dass das Gras direkt durch den breiten Auswurf ausgeworfen wird = perfektes Schnittbild ohne Mittelspuren.
Das Mähdeck besteht aus zwei Gehäusen mit starker Steigung, die in einem Stück gegossen sind und in einen breiten Auswurfkanal münden.
Der Saugeffekt ist so stark, dass man sogar im Herbst Laub sammeln kann.

Alles geht vom Mähwerk ab

Der direkte Schnittgrasauswurf sorgt für perfekten Grasauffang ohne Verstopfen:
Kein Hindernis zwischen dem Mähdeck und dem Korb.
Keine Hinterachsen mehr! Eine ETESIA-Exklusivität.

100 % Mulching
Das Mulchen von Etesia

Dieses neue Konzept ermöglicht einen sauberen Schnitt in alle Situationen, auch
im hohen und nassen Gras.

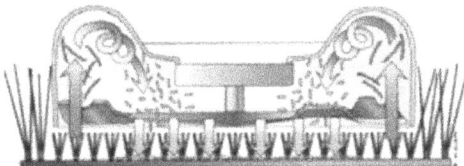

DIE ALLESKÖNNER

tk 36 80 cm Arbeitsbreite,
3000 m²/h Flächenleistung,
1 Gang Ölbadgetriebe,
Honda oder B&S Motor

tk 38 80 cm Arbeitsbreite,
3500 m²/h Flächenleistung,
3 Gang Ölbadgetriebe
mit Rückwärtsgang,
Honda oder B&S Motor

tk 48 100 cm Arbeitsbreite,
4200 m²/h Flächenleistung,
3 Gang Ölbadgetriebe
mit Rückwärtsgang,
Honda oder B&S Motor,
variable Bürsten-
geschwindigkeit

tk 58 120 cm Arbeitsbreite,
5000 m²/h Flächenleistung,
3 Gang Ölbadgetriebe
mit Rückwärtsgang,
Honda oder B&S Motor,
variable Bürsten-
geschwindigkeit

DPLF
GS geprüfte Sicherheit

tk 48 mit Schutzplane
- verhindert Staub und Steinschlag -

tk 38 mit Schneeräumschild
- Räumen und Kehren in einem Arbeitsgang -

DPLF
GS geprüfte Sicherheit

tielbürger

Julius Tielbürger GmbH & Co. KG   Postdamm 12   32351 Sternwede
lefon: 05773 / 802 333   Fax: 05773 / 8175   Internet: www.tielbuerger.de

Grünpflege

Julius Tielbürger GmbH & Co.KG

Seit 1969 fertigt das 1953 gegründete Unternehmen spezielles Zubehör für Einachsschlepper, wie Mähwerke, Bodenfräsen, Kehrmaschinen und Schneeräumschilder.
1974 wurden mit dem "t75" und später mit dem "t45" die ersten Wiesenmäher ins Produktsortiment aufgenommen. Für diese Geräte wurden außerdem Schneeschilder und Kehrmaschinen hergestellt.
Bereits 1979 wurden die ersten Räumschilder und Kehrmaschinen für Rasentraktoren ausgeliefert. Der zusätzliche Nutzen überzeugte immer mehr Anwender, so dass der Absatz an Anbaugeräten beträchtlich anstieg.
Seit 1985 liefert das Unternehmen Vertikutierer. Heute werden drei Modelle angeboten, unter anderem ein Großflächenvertikutierer als Anbaugerät für Rasentraktoren.
Trotz der Erfolge mit Anbaukehrmaschinen für Einachser und Rasentraktoren verlangte der Markt nach einer eigenständigen Lösung. Daher wurde 1989 die Kehrmaschine tk30 entwickelt, die ein anderes Marktsegment abdeckte und das Unternehmen weiter nach vorne brachte. Vier Jahre später folgte die Kehrmaschine tk31, und 1995/96 wurden die Modelle tk32 und tk42 vorgestellt.
Rasentraktoren und Aufsitzrasenmäher änderten sich mittlerweile so häufig, dass der Anpassungsaufwand für das Zubehör zunehmend größer und zuletzt unwirtschaftlich wurde.
Deshalb wurde 1995 das Tielbürger-Schnellkupplungs-System entwickelt.
Dieses erlaubt eine einfache und schnelle Umrüstung des Rasentraktors zu einem Multifunktionsgerät.
Innerhalb weniger Sekunden kann nun ein Rasentraktor z.B. zu einem Räumgerät oder einer leistungsfähigen Kehrmaschine werden.
Der Motormähermarkt stagnierte indessen. Um neue Impulse zu setzen, wurden 1999 drei neue Modelle entwickelt. Insgesamt bietet Tielbürger nun fünf verschiedene Motormäher an.
Der Erfolg der handgeführten Kehrmaschinen veranlasste einige Wettbewerber, Maschinen ähnlicher Bauart auf den Markt zu bringen. Im Jahre 2000 wurde deshalb von Tielbürger eine Kehrmaschine mit einer wegweisenden Neuentwicklung vorgestellt. Die tk20 regelt ihren Bürstendruck automatisch und liefert damit ein gleichmäßiges Kehrergebnis unabhängig von der Bodenbeschaffenheit.
Von der herkömmlichen Bauart sind heute vier Kehrmaschinen-Modelle im Angebot.
2002 wurde der Produktbereich Wiesenmäher um einen Schlegelmulcher ausgebaut. Dieser besitzt ein spezielles Mähwerk, das einen hohen Wirkungsgrad besitzt

und somit bei vergleichbarer Motorleistung eine höhere Flächenleistung erzielt.
Das Mähwerk ist auch als Anbaugerät erhältlich.
Mit Hochdruck arbeitet das Unternehmen an weiteren Neuentwicklungen.

Werk 1 Stemwede

Werk 2 Dardesheim

Die Tielbürger Kehrmaschinen tk20, tk36, tk 38, tk48 und tk58 sind unerlässliche Helfer wo immer Wege, Höfe, Flächen, Plätze und Baustellen wirtschaftlich und professionell gepflegt und gereinigt werden müssen. Im Winter wie im Sommer. Sie arbeiten mit Tielbürger Kehrmaschinen sechs- bis zwölfmal schneller als mit dem Besen oder der Schneeschaufel.

Um den Profis der Gemeinden, Städte, Bauhöfe, Tiefbaukolonnen und der Stadtreinigung, den Hausmeistern der Schulen, Kindergärten, Sportstätten und Krankenhäuser zuverlässige und sichere Maschinen zu geben, lassen wir unsere Produkte von der Deutschen Prüfstelle für Land und Forstwirtschaft (Berufsgenossenschaft) nach strengen Kriterien testen und überprüfen. Nur Maschinen, die diese Prüfung bestehen, tragen das "GS" Zeichen (Geprüfte Sicherheit) und garantieren Zuverlässigkeit und Betriebssicherheit.

Leistungsstarke Motoren, kraftvolle Getriebe, hochwertige staub- und wasserdichte Lager, Kevlar verstärkte Keilriemen und besonders standfeste Bürsten sorgen für wartungsfreies Arbeiten. Für hohen Korrosionsschutz sind alle Metallteile verzinkt oder mit einer hochwertigen Dreischichtlackierung versiegelt. Die Kehrbürstenabdeckung besteht aus einem hochelastischen Spezialkunststoff, der selbst extremsten Temperaturen standhält, mit stabilem Stahlunterbau. So trotzt auch dieser Teil einer Tielbürger Kehrmaschine dem Rost und Beschädigungen.

Ob freikehrend oder mit Schutzplane, ob direkt in den Schmutzsammelbehälter oder Schnee räumen mit Räumschild (räumen und kehren in einem Arbeitsgang), ob 80 cm, 100 cm oder 120 cm Arbeitsbreite, Tielbürger Kehrmaschinen bieten alles für den anspruchsvollen Profi.

Unser Einstiegsmodell in die professionelle Außenreinigung, die tk20, ist so einfach zu bedienen, dass Sie sich nie wieder Gedanken über die optimale Einstellung der Kehrmaschine machen müssen.

Die Maschine regelt ihren Bürstendruck automatisch und liefert damit ein gleichmäßiges Kehrergebnis unabhängig von der Bodenbeschaffenheit. Selbst in engen Fugen bleibt kein Stäubchen zurück.

Sie reinigen schnell und gründlich weite Parkplätze oder enge Gassen. Die Kehrmaschine lässt sich bequem um enge Kurven führen und mit Leichtigkeit auf der Stelle wenden.

Arbeitsbreite: 80 cm
Flächenleistung: bis 2200 m²/h
Motor: B&S XTS 55, Honda GCV 135
Leistung: bis 3,4 kW (4,6 PS)
Fahrgeschwindigkeit: max. 2,7 km/h
Zubehör: Kehrgutbehälter mit Kippentleerung
Besonderheiten: automatische Bürstendruckeinstellung, aktives Fahrwerk gleicht
Bodenunebenheiten aus, Frontantrieb, kugelgelagerte Räder hinten
Prüfzeichen: GS, CE

Die Kehrmaschinenbaureihe tk36, tk38, tk48 und tk58 bietet alles für den anspruchsvollen Anwender. Alle Komponenten dieser Kehrmaschinen wurden konsequent auf Haltbarkeit und Ausdauer abgestimmt.

Die Kehrmaschine tk36 besitzt ein robustes 1-Gang-Getriebe, Antriebsräder auf Stahlfelgen und ist mit Schneeräumschild und Schneeketten für den Ganzjahreseinsatz bestimmt.

Arbeitsbreite: 80 cm
Flächenleistung: bis 3000 m²/h
Motor: B&S XTS 55, Honda GCV 135
Leistung: bis 3,4 kW (4,6 PS)
Fahrgeschwindigkeit: max. 3,7 km/h
Zubehör: Kehrgutbehälter mit Kippentleerung, Steinschlagschutzplane, Schneeräumschild, Schneeketten, Rinnenbesenverbreiterung
Prüfzeichen: GS, CE

Mit 80 cm Arbeitsbreite sind schmale Wege und Durchgänge bequem zu passieren. Aber auch große Flächen sind mit der Kehrmaschine tk38 durch ein 3-Gang-Getriebe mit Rückwärtsgang gründlich und schnell gereinigt. Zusätzlich sorgen Breitreifen für die nötige Traktion.

Arbeitsbreite: 80 cm
Flächenleistung: bis 3500 m²/h
Motor: B&S XTS 55, B&S XTS 55 mit E-Start,
Honda GCV 135
Leistung: bis 3,4 kW (4,6 PS)
Fahrgeschwindigkeit: max. 4,2 km/h
Getriebe: 3 Gänge vorwärts, 1 Gang rückwärts
Zubehör: Kehrgutbehälter mit Kippentleerung, Steinschlagschutzplane, Schnee-räumschild, Schneeketten, Wassersprüheinrichtung, Rinnenbesenverbreiterung
Prüfzeichen: GS, CE

Über die Tipptastenregelung können Sie an der tk48 bequem vom Lenker aus die Kehrbürstendrehzahl auf das jeweilige Kehrgut abstimmen; oder Sie bestimmen damit die Wurfweite beim Schneekehren.
Dadurch ist die Kehrmaschine für schwierige Einsatzbedingungen geeignet.
Mit 100 cm Arbeitsbreite bewältigt man große Flächen.

Arbeitsbreite: 100 cm
Flächenleistung: bis 4200 m²/h
Motor: B&S XTS 55, B&S XTS 55 mit E-Start,
Honda GCV 160
Leistung: bis 4,1 kW (5,5 PS)
Fahrgeschwindigkeit: max. 4,2 km/h
Getriebe: 3 Gänge vorwärts, 1 Gang rückwärts
Tipptastenregelung: stufenlose Regelung der Kehrbürstengeschwindigkeit
Zubehör: Kehrgutbehälter mit Kippentleerung, Steinschlagschutzplane, Schnee-räumschild, Schneeketten, Wassersprüheinrichtung, Rinnenbesenverbreiterung
Prüfzeichen: GS, CE

Trotz größerer Arbeitsbreite bietet die tk58 Komfort und Flexibilität durch per Tipptasten feinstufig regelbare Kehrbürstendrehzahl und ein ein 3-Gang-Getriebe mit Rückwärtsgang.

Dabei können mit dem professionellen Industriemotor Flächenleistungen von bis zu 5000 m²/h erreicht werden.

Ausgewählte Materialien und besondere technische Details sorgen für einen störungsfreien Betrieb.

Arbeitsbreite: 120 cm
Flächenleistung: bis 5000 m²/h
Motor: B&S Intek Edge, B&S Intek Edge mit E-Start, Honda GXV 160 Leistung: bis 4,4 kW (6,0 PS)
Fahrgeschwindigkeit: max. 4,4 km/h
Getriebe: 3 Gänge vorwärts, 1 Gang rückwärts
Tipptastenregelung: stufenlose Regelung der Kehrbürstengeschwindigkeit
Zubehör: Kehrgutbehälter mit Kippentleerung, Steinschlagschutzplane, Wassersprüheinrichtung, Schneeketten, Rinnenbesenverbreiterung
Prüfzeichen: GS, CE

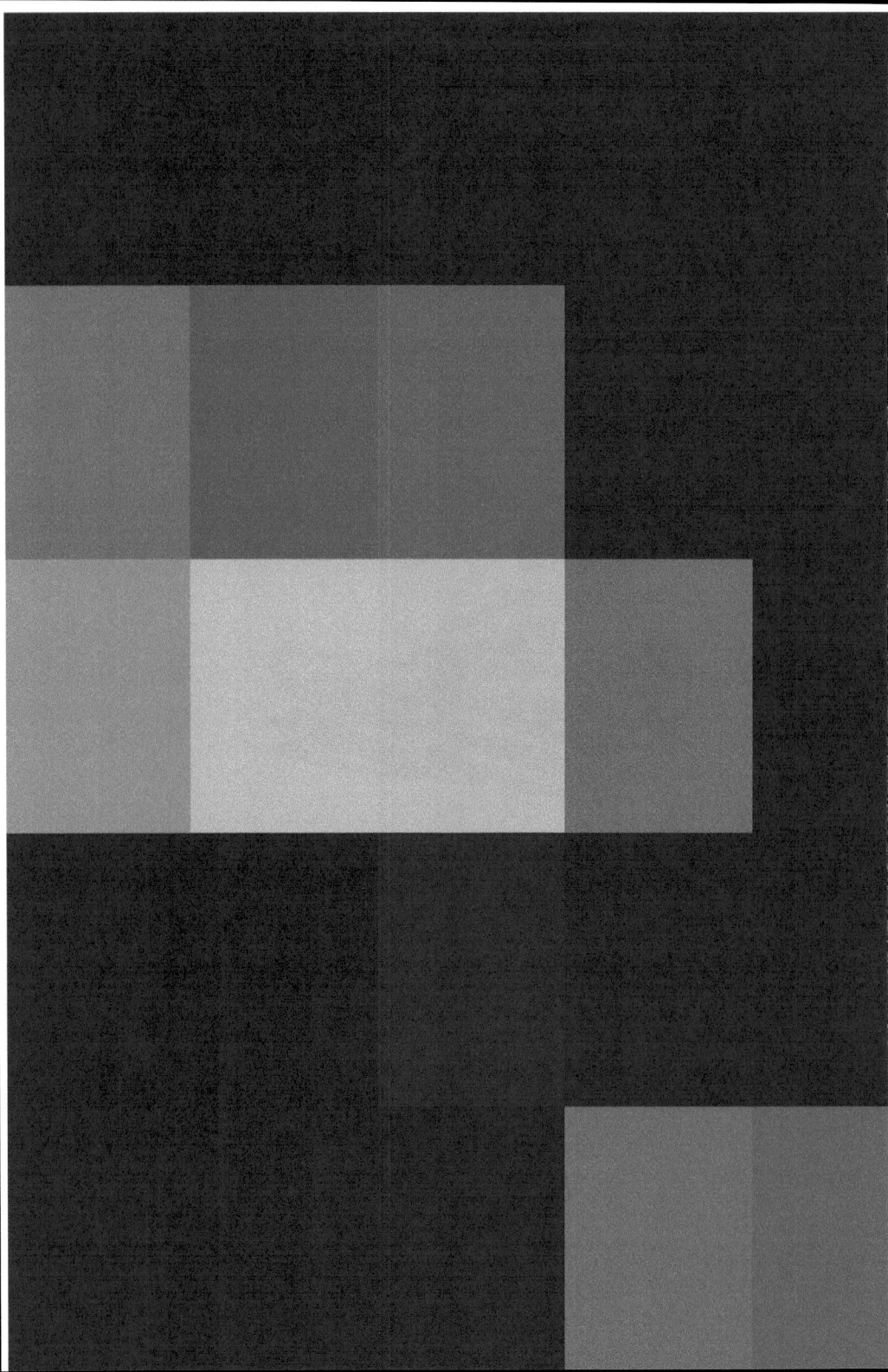

Grünpflege

TTC – The TURF CARE COMPANY GmbH

RANSOMES – FÜR DAS BESTE PREIS-/LEISTUNGSVERHÄLTNIS

Ransomes stellt seit mehr als 150 Jahren motorisierte Qualitätsrasenmäher her und hat dabei weltweit einen legendär guten Ruf gewonnen. Diesen Ruf hat das Unternehmen auch heute noch, wobei die Fertigung noch immer in Ipswich, England, erfolgt. Hier werden Spezialrasenmäher konstruiert und gebaut, die den hohen Erwartungen des kommerziellen Nutzers entsprechen.

Sie sind robust, stabil gebaut und unglaublich zuverlässig. Sie liefern höchste Produktivität jahrein, jahraus.

Der Standard bei Benutzerkomfort und verfügbarer Kontrolle hat neue Gipfel erreicht, was eine gleichmässige Arbeitsleistung an jedem Arbeitstag sicher stellt.

Die Routinewartung ist schnell und einfach getan, wodurch Ausfallzeiten gering gehalten, und die Betriebskosten reduziert werden.

Von Parks über Sportanlagen bis zum Straßenbegleitgrün verfügt das Ransomes-Sortiment über ein Modell für jeden Einsatzzweck. In der ganzen Welt ist die Expertise von Ransomes von anderen Unternehmen unerreicht, und ihr Sortiment an Rasenmähern für den Kommunalbereich unübertroffen, was das Preis-/Leistungsverhältnis betrifft.

... UND KUNDENDIENST AUF HÖCHSTEM NIVEAU

Ransomes-Vertriebspartner und –Händler werden sorgfältig ausgewählt und umfassend geschult, um das Niveau beim Kundendienst zu bieten, das jeder Kunde mit Recht erwarten kann.

Vom schnellen Zugang zu Ersatzteilen bis zum Kundendienst der höchsten Qualität sowie konkurrenzfähiger Finanzierung, anspruchsvoller Schulung für Eigentü-

mer und Benutzer und einer enormen Ressource an technischen Fähigkeiten: in der Tat alles, was Sie von einem der weltführenden Hersteller von Geräten zur Rasenpflege erwarten.

Hinter jedem Ransomes-Produkt steht die starke Muttergesellschaft Textron Inc., ein multinationales Unternehmen mit Markenfirmen für Geräte für Rasenpflege, Grünanlagenpflege und für Spezialgeräte wie Cushman, E-Z-GO, Jacobsen und Ryan.

Ransomes Jacobsen Parts Xpress bietet Ihnen das Beste an Qualitätsersatzteilen aus den besten Werkstoffen und entsprechend den höchsten Standards gefertigt. Ausgezeichnete OErgebnisse können zusammen mit günstigen Preisen und hervorragendem Kundendienst erzielt werden.

Wir glauben, dass unsere Mitarbeiter die besten in unserer Branche sind, mit einem Kundendienstteam, das sich der Lösung auch der komplexesten Probleme verschrieben hat.

TTC – The TURF CARE COMPANY GmbH
++ Ransomes – Jacobsen ++

48163 Münster
Borkstrasse 4
Tel. ++49 251 78 0908 21
Fax. ++49 251 78 76 93
www.ransomes-jacobsen.de

info@ransomes-jacobsen.de

e neue Super B-Serie mit sechs leistungsstarken Modellen von 17 bis 25 PS. Kompakt - flexibel - komfortabel.

Wir haben die Lösung für Ihre Probleme. Kubota.

B-Serie New Generation • Drei- (Vier-) Zylinder-Kubota-Dieselmotoren • Servolenkung • StVZO-Ausrüstung • Ebene Fahrerplattform • Kompakte Bauweise • Allradantrieb • Fahrantrieb als Schaltgetriebe oder Hydrostat • Heckzapfwelle & Zwischenachsenzapfwelle • 4 hydr. Steuerventile • Optional: eine große Auswahl an Zubehör und Anbaugeräten

Kubota
Wir machen schwere Arbeit leichter

ubota Deutschland GmbH • Senefelder Straße 3-5 • 63110 Rodgau/Nieder-Roden
Telefon: 0 61 06 / 8 73 0 • Fax: 0 61 06 / 87 21 97 • Internet: www.kubota.de

Grünpflege

Kubota Deutschland GmbH

KUBOTA setzt neue Maßstäbe in der Kompakttraktorenklasse

Pünktlich zur GaLaBau 2004 präsentierte Kubota die neue Baureihe STV. Die neuen Modelle der STV-Reihe lösen die auf dem Markt bewährte STa-Reihe ab. Diese bereits so gut etablierte Reihe wird nun durch ein weiteres Modell mit einer Motorleistung von 40 PS (SAE) ergänzt. In dieser Leistungsklasse bietet Kubota nun den kompaktesten Schlepper für die Anforderungen im kommunalen Bereich sowie für den Garten- und Landschaftsbau.

Der Anwender hat durch die höhere Motorleistung noch mehr Kombinationsmöglichkeiten mit Anbaugeräten. Wo sonst schon "große" Traktoren benötigt werden, können hier immer noch problemlos schwerste Arbeiten mit dem STV40 ausgeführt werden. Die konstante Leistung und ein hoher Drehmomentanstieg garantieren enorme Elastizität des Motors bei wechselnden Belastungen.

Unabhängig vom Fahrantrieb können die Zapfwellen jetzt mittels Knopfdruck zu- bzw. abgeschaltet werden, dadurch wird die Bedienung erleichtert und die Effektivität gesteigert. Überall wo es um größere Produktivität und Effizienz geht, werden diese Merkmale Beachtung finden. Die Zapfwelle wird an den Traktoren der Baureihe STV hydraulisch geschaltet und funktioniert unabhängig vom Fahrantrieb des Traktors, kann also während der Fahrt ein- und ausgeschaltet werden. Darüber hinaus wird die Bewegung der Arbeitsgeräte über die neue Zapfwellen-Bremsfunktion sicher gestoppt. Damit wird ein schnellerer und zuverlässigerer Betrieb gewährleistet.

Folgende Modelle gehören zu Baureihe des STV:

STV32 (Motorleistung nach SAE, 32 PS)
STV36 (Motorleistung nach SAE, 36 PS)
STV40 (Motorleistung nach SAE, 40 PS)

Weitere technische Daten:

3-stufiges Hydrostatikgetriebe
Höchstgeschwindigkeit 30 km/h
elektronisch schaltbare Bi-Speed Lenkung
hydrostatische Lenkung
unabhängig schaltbare Zapfwellen

Hohe Leistung und robuster Aufbau für größere Ausstattungsvielfalt mit Arbeitsgeräten und noch mehr Einsatzmöglichkeiten.

Kubotas vielseitiger Einsatz im Winterdienst

Die Allround Maschinen von KUBOTA sind auf dem Markt nicht mehr wegzudenken und durch die vielen Anbaugeräte nicht nur im Bereich Anlagenpflege, sondern auch besonders im Winterdienst einsetzbar. Durch die hervorragende Übersicht auf die Anbaugeräte sowie die leicht von der Sitzposition aus zu erreichenden Bedienungselemente wird ein ermüdungsfreies Arbeiten ermöglicht. Die mit getönten Scheiben und 2-Stufen-Heizung ausgestattete Kabine macht den Winterdienst bequemer und vermittelt ein Gefühl von Behaglichkeit. Bei der unabhän-

gig zuschaltbaren Frontzapfwelle (Schleppernorm 1000 U/min.) angetriebene Frontanbaukehrmaschine wird beim Schneeräumen das Festfahren der Neuschneedecke verhindert und ein sauberer und trocken geräumter Untergrund gewährleistet. Besonders Vorteilhaft bei der Frontzapfwelle sind die 1000 U/min. die mit geringerer Lautstärke den Geräuschpegel niedrig halten. Weiterhin ist diese Schleppernorm weit verbreitet und somit können eine große Anzahl von Anbaugeräten angetrieben werden.

In der Kombination mit Räumschild vorne und Sand-, Salz- oder Splittstreuer am Heck kann mühelos Schnee und Eis in einem Arbeitsgang beseitigt werden. Auch bei extremen Schneehöhen muss nicht mehr kapituliert werden, mit der leistungsstarken Schneefräse von KUBOTA bahnt man sich einen sicheren Weg selbst durch hohe Schneewehen.

Egal ob auf Gehwegen, Parkplätzen oder Höfen in Industriegeländen, durch die Wendigkeit und Abmaße liegen hier die Stärken der Kompaktschlepper von KUBOTA.

Die Super B Baureihe der "Neuen Generation" ist, neben den anderen Serien, für den Winterdienst der geeignete Schlepper. Dank der erhöhten Leistungsstärke, der Ausstattung mit intelligenten Funktionen und der hohen Bedienfreundlichkeit sind die Modelle B1710 (17 PS), B2110 (21 PS), B2410 (24 PS) und B2710 (27 PS) jetzt noch leistungsfähiger. Die revolutionäre Bi-Speed-Lenkung von KUBOTA wird bei einem Einschlagwinkel der Vorderräder von mehr als 35 Grad automatisch aktiviert. Dabei wird die Geschwindigkeit der Vorderräder gegenüber den Hinterrädern um 60% erhöht, womit Kurven sanfter, schneller und enger gefahren werden können. Dies macht die Maschine besonders Wendig. Die Leistung zeigt sich in der hohen Vielseitigkeit, der Bedienfreundlichkeit und dem hohen Komfort.

Technische Daten
B1710: E-TVCS wassergekühlter, 3 Zyl. Dieselmotor, Schaltgetriebe 6V/2R, Zapfwelle heckseitig 540 U/min., mittig 2500 U/min., Hydraulik großvolumige Ölpumpe, Hubkraft am 3-Punkt-Gestänge 750 kg
B2110: E-TVCS wassergekühlter 3 Zyl. Dieselmotor, Hydrostat, 2-stufig oder Schaltgetriebe 6V/2R, Zapfwelle heckseitig 540 U/min., mittig 2500 U/min., Hydraulik großvolumige Ölpumpe, Hubkraft am 3-Punkt-Gestänge 750 kg
B2410: E-TVCS wassergekühlter, 3 Zyl. Dieselmotor, Hydrostat, 2-stufige oder Schaltgetriebe 6V/2R, Zapfwelle heckseitig 540 U/min., mittig 2500 U/min., Hydraulik großvolumige Ölpumpe, Hubkraft am 3-Punkt-Gestänge 750 kg
B2710:L E-TVCS wassergekühlter, 4-Zyl. Dieselmotor, Hydrostat 3-stufig, Zapfwelle heckseitig 540 U/min., mittig 2500 U/min., Hydraulik großvolumige Ölpumpe, Hubkraft am 3-Punkt-Gestänge 830 kg

Bei der neuen Super-B Serie wurde die Höchstgeschwindigkeit im Vergleich zu dem Vorgängermodell um 15 % erhöht, bei dem Modell B2710 sogar um 20%.

Mit der BX – Traktorenserie eröffnen sich neue Möglichkeiten des Einsatzes von Traktoren für den Bereich Hausmeister, Wohnungsbau, Kommune sowie Sportvereine und eben auch für den Winterdienst. Die Traktoren zeichnen sich durch folgende Eigenschaften aus:

21 PS – Drei-Zylinder-Kubota-Dieselmotor,
Servolenkung,
Ebene Fahrerplattform,
Wahlweise Allrad- (BX 2200D) oder Hinterradantrieb (BX 2200E),
äußerst kompakte Bauweise,
2-stufiger hydrostatischer Fahrantrieb,
StVZO – Ausrüstung,
Heckzapfwelle serienmässig,
5 hydr. Steuerventile serienmässig,

Selbstverständlich sind die BX – Traktoren mit allen handelsüblichen Anbaugeräten auszustatten.

Frontzapfwelle und Kuppeldreieck sind ebenso optional erhältlich wie die Kabine für den Einsatz im Winterdienst

In enger Zusammenarbeit mit den Firmen Kova, Wima, Rauch und Stoll hat Kubota ein umfassendes Programm für den Winterdienst entwickelt und ist somit in allen Bereichen einsetzbar.

Als Anbaugeräte sind erhältlich z. B. Schneefräse (Arbeitsbeite 1120 mm, Gewicht 138 kg), Frontkehrmaschine (Arbeitsbreite 1200 mm, Gewicht 112 kg), Räumschild (Arbeitsbreite 1250 mm, Gewicht 95 kg), Walzenstreuer, Kastenstreuer, Mehrzweckstreuer.

Schleuder- und Kastenstreuer von Stoll werden in verschiedenen Größen geliefert und durch einen Selbstladestreuer mit wegeabhängigem Antrieb ergänzt. Das wirtschaftliche Ein-Mann-Gerät ist zum Heckanbau an Fahrzeuge konzipiert, der Antrieb erfolgt über ein am Streuer montiertes Rad, welches über das Hinterrad des Traktors angetrieben wird.

Neben dieser Vielzahl an Anbaugeräten sind die Fahrzeuge ideal für die ganzjährige Arealpflege geeignet. Das Modell ST α 30 und ST α 35 bietet im Bereich Mähen mit den Anbaugeräten Seitenauswurfmähwerk, Heckauswurfmähwerk, Schlegelmäher und Grasaufnahme (auch mit Hochentleerung), im Bereich Rasenpflege mit den Anbaugeräten Aerifizierer, Bodenumkehrfräse, Spindelmäher und Sprühvorrichtung und im Bereich Bodenbearbeitung mit den Anbaugeräten Frontlader, Heckbagger, Bodenfräse und Anhänger neben dem Winterdienst ein leistungsstarkes, schnelles Fahrzeug das sich sehen lassen kann.

Seit über 100 Jahren zählt zu KUBOTA zu den führenden Industriekonzernen Asiens. In Europa spielt der High-Tech-Konzern seit fast drei Jahrzehnten eine führende Rolle. Nach der Gründung des Verkaufsstützpunktes in Frankfurt am Main im Jahr 1979 wächst das Unternehmen auch im deutschen Markt stetig. Im Jahr 1983 wurde "Kubota (Deutschland) GmbH" gegründet, die seit 1993 in Rodgau/Nieder Roden im Rhein-Main Gebiet ansässig ist. In der deutschen Niederlassung sind die Kommunalmaschinen neben den Baumaschinen und Industriemotoren seit Beginn einer der drei Hauptgeschäftsbereiche. Im Jahr 2001 konnte nun die erfreuliche Mitteilung veröffentlicht werden, dass in den letzten Jahren der Umsatz nahezu verdoppelt wurde. Erstmals hat der Geschäftsbereich Kommunalmaschinen mit seinen Produktgruppen den 3 Aufsitztraktoren von 12,5 bis 18 PS, den 4 Frontmähern von 18 bis 35 PS, den 14 Kommunaltraktoren von 13 bis 58 PS im letzten Jahr weit über 1.000 Maschinen auf dem deutschen Markt abgesetzt.
Auch für die nächsten Jahre ist geplant weitere neue Fahrzeuge auf dem deut-

schen Markt einzuführen. Die Kubota Produktlinie die sich bis zu 120 PS erstreckt, wird wohl auch vor dem deutschen Markt nicht halt machen.

KUBOTA hat immer das richtige Fahrzeug professionell, überall einsetzbar, ganzjahrestauglich.

Kontakt:

Kubota Deutschland GmbH
Geschäftsbereich Kommunalmaschinen
Senefelder Str. 3 – 5
63110 Rodgau / Nieder-Roden
Telefon 0 61 06 / 8 73 – 1 43
Telefax 0 61 06 / 8 73 – 1 97
Email: info@kubota.de
www.kubota.de

Überzeugende Einachsersysteme für Kommunaldienste, Arealpflege Garten- und Landschaftsbau

Rapid
Rapid EURO
Rapid MONDO
Rapid UNIVERSO
Rapid TECNO

Schweizer Einachsersysteme, die keine Wünsche offen lassen:

- Werkzeugloses Schnellwechselsystem für beinahe unendlich viele Anbaugeräte
- Genial einfacher hydrostatischer Antrieb über den sicheren Drehgriff: Einfach stufenlos vorwärts und rückwärts fahren ohne kuppeln, schalten oder bremsen
- Verschiedene Grössenklassen mit unterschiedlichen Holmlängen, Achsbreiten und Bereifungen, auf Wunsch auch mit Hydraulikunterstützung
- Zwei Zapfwellengeschwindigkeiten

Beispiele:

Laubbläser
Shredder

Schlagmäher
Ökomulcher

Kehrbürste
Schneefräse

Rapid

Rapid Technic AG
Heimstrasse 7
Postfach
8953 Dietikon 1
Schweiz
Telefon 0041 44 743 14 00
Fax 0041 44 743 14 60
www.rapid.ch

Werksvertretungen Deutschland
Gebiet Nord:
Telefon 0531 473 73 09
Gebiet Süd:
Telefon 0160 155 63 56

Grünpflege

Rapid Technic AG

Das überzeugende Rapid-System für Kommunaldienste, Arealpflege, Garten- und Landschaftsbau und Landwirtschaft

Am 5. Februar 1927 gründeten der Konstrukteur Arnold Rutishauser und sein Studienkollege Dr. Karl Welter in Zürich die Rapid Motormäher AG um die erste motorangetriebene Mähmaschine der Welt zu bauen. Heute bietet das seit 1949 in Dietikon bei Zürich ansässige Unternehmen ein umfassendes Programm an qualitativ hochstehenden Maschinen für Kommunaldienste, Arealpfleger und landwirtschaftliche Betriebe an. Dank schlanken Strukturen und hoher Kompetenz in der Herstellung und im Vertrieb von modernen Maschinen hat sich Rapid längst international einen guten Namen gemacht. Aber auch mit der ausgefeilten Technik und solider Bauart aller Produkte, vorbildlichen und unkomplizierten Service-Dienstleistungen und einer weit überdurchschnittlichen,auf viele Jahre ausgelegte Ersatzteilversorgung. Bei den nach wie vor in der Schweiz entwickelt und hergestellten Eigenfabrikaten geht es um Einachserkonzepte, die aus verschiedenen Grundmaschinen bestehen. Diese können für die tägliche Arbeit durch das ganze Jahr mit einer Vielzahl an Anbaugeräten ergänzt werden. Die erfahrenen Konstrukteure setzen dabei mit grossem Erfolg auf den sichereren und zuverlässigeren hydrostatischen Fahrantrieb. Sie legen aber seit jeher auch ein besonderes Augenmerk auf die Betriebssicherheit und Bedienungsfreundlichkeit der meist jahrelang schonungslos eingesetzten Maschinen.

Rapid Euro Hydrostat – das Multitalent für Profis

Safety Mulcher Technologie am Rapid Euro: das neuartige, sichere Mulchverfahren für die perfekte Zerkleinerung des Schnittgutes.

Der Einachs-Marktleader für Profis im Kommunaldienst und in der Landwirtschaft ist sicher, zuverlässig und vielseitig. Grundsätzlich stehen zwei Maschinentypen zur Auswahl: Der Euro 3 mit Sperrdifferential und der Euro 4 mit direktem Antrieb auf jedes Rad. Er ist dank dieser verschleissfreien hydrostatischen Aktiv-Lenkung besonders für den Einsatz im steilen Gelände geeignet. Verschiedene Benzinmotorvarianten mit bis zu 20 PS Leistung lassen praktisch keine Wünsche offen. Vor allem für den Betrieb von Arealpflegegeräten kann der Euro sogar mit Hydraulik-Unterstützung bestellt werden.

Der werkzeuglose Geräteschnellanschlussflansch mit zwei fahrunabhängigen Zapfwellendrehzahlen machen den Rapid Euro äusserst vielseitig. So können zum Beispiel mit der selben Maschine Schlagmäher, Kreiseleggen, verschiedene Mähbalken, Wintergeräte und vieles mehr angetrieben werden.

Rapid Universo Hydrostat – neu und einfach genial anders

Rapid Universo mit Kreiselegge für die wirtschaftliche Bodenaufbereitung.

Der Rapid Universo setzt neue Massstäbe im Einachsermarkt. Dank ausgeklügeltem Konzept passt der wendige Geräteträger optimal in die Welt des Garten- und Landschaftsbaus. Durch den hydrostatischen Fahrantrieb entfallen kuppeln, schalten und bremsen völlig und die Anbaugeräte arbeiten unabhängig von der Fahrgeschwindigkeit immer mit der optimalen Drehzahl. Der Holm ist werkzeuglos um 230 Grad schwenkund in der Höhe stufenlos verstellbar.

Die raffinierte Wendematic erübrigt ein Umdenken des Fahrers: Egal wie der Holm steht, die Bedienelemente reagieren immer gleich. Der aktiv gelenkte Universo wird über zwei einfache Lenkhebel gesteuert und mit dem genialen Rapid Drehgriff wird die Fahrt vor- und rückwärts kinderleicht angepasst.

Ein leistungsstarker und trotzdem sparsamer Vanguard Benzinmotor mit 13 PS sorgt bei jedem Arbeitseinsatz für genügend Vorschub. Zwei Zapfwellengeschwindigkeiten (700/1000 min-1) erlauben einen effektiven und effizienten Einsatz verschiedenster Anbaugeräte und machen den Universo zum multifunktionalen Einachsgerät.

Rapid wieder ein Schritt voraus. Anlässlich der GaLaBau 2004 in Nürnberg konnte Verkaufsleiter Nord Matthias Baumann eine Innovationsmedaille für die Entwicklung des Einachs-Geräteträgers Rapid Universo und vor allem für dessen stufenlosen hydrostatischen Antrieb, die spezielle Ventiltechnologie und die einzigartige Wendematic in Empfang nehmen.

Rapid Mondo Hydrostat – der kompakteste Hydrostat-Einachser der Welt

Der Rapid Mondo ist der kompakteste Einachser mit hydrostatischem Antrieb der Welt. Er wurde im Jahre 1998 erstmals vorgestellt und erfreut sich mittlerweile in seinen verschiedenen Versionen vor allem bei Gartenbauern, Bauämtern und Privatpersonen eines beachtlichen Marktanteils im In- und Ausland. Der Rapid Mondo präsentiert sich elegant im Design. Die nur 100 kg wiegende Grundmaschine ist trotz ihrer hohen Leistungsfähigkeit leicht im Handling und äusserst einfach zu

Da bleibt nichts liegen: der Rapid Mondo mit Kehrbürste und grossdimensioniertem Schmutzsammelbehälter.

bedienen. Verschiedene Anbaugeräte wie Kreiselegge, Schlagmäher, Sichelmäher, Bodenfräse, Schneepflug, Schneefräsen und viele mehr lassen sich dank Schnellwechselsystem werkzeuglos montieren. Der Holm ist um 180° drehbar. Damit eignet sich die Maschine auch für den Einsatz mit Bodenfräse. Zudem kann er seitlich arretiert und in der Höhe verstellt werden, was immer eine ideale Arbeitsposition gewährleistet. Ein weiteres Novum ist die Bedienung der Anbaugeräte: sie werden einfach per Knopfdruck bedient.

Rapid Swiss Hydrostat – die Bergkatze

Der Rapid Swiss zeichnet sich durch ein extrem geringes Eigengewicht aus. Sein Kubota Benzinmotor mit 9 PS erlaubt den Anbau diverser Mähbalkenbreiten, der Antrieb erfolgt hydrostatisch und stufenlos, die Aktivlenkung wird über den Holm angesteuert.

Der Rapid Swiss ist ein Profi-Bergmäher mit optimaler Hangtauglichkeit.

Rapid Tecno – extreme Schräglagen gesucht

Beim Rapid Tecno erfolgt der Fahrund Geräteantrieb vollhydraulisch. Sämtliche Funktionen werden über elektronisch angesteuerte Magnetventile bedient. Die absolute Neuheit im Motormäherbereich ist aber der automatische, hydraulische Hangausgleich: Der laufende Motor wird über Sensoren je nach Hanglage automatisch waagrecht gestellt. Das bedeutet ständige konsequente Schmierung und Benzinversorgung, was die Lebensdauer beträchtlich erhöht. Durch den Ausgleich gegen die bergseitigen Räder wird die Last unabhängig von der Hangneigung gleichmässig auf das linke und rechte Rad verteilt.

Dies erhöht die Standfestigkeit und die Traktion und das ganze Gerät bleibt leichter lenkbar. Für den Bediener bedeutet das eine enorme Entlastung von Rücken und Beinen und aktive Schonung der Gesundheit.

Nicht nur für Bergler: Rapid Tecno.

Rapid Geräteträger sind heute auf dem Schweizer Einachsermarkt nicht umsonst Marktleader. Dank ihrem hydrostatischen Fahrantrieb gibt es kein Kuppeln, kein Schalten und kein Bremsen.
Der geniale Drehgriff erlaubt stufenloses Vorwärts- und Rückwärtsfahren ohne dass die Hände vom Führungsholm genommen werden müssen.

Detaillierte Unterlagen über alle
Einachsersysteme sind erhältlich bei

Rapid Technic AG, Heimstrasse 7,
Postfach 324, 8953 Dietikon 1,
Schweiz, Telefon 0041 44 743 14 00,
Fax 0041 44 743 14 60 oder über die
Webseite www.rapid.ch.
Werksvertretungen in Deutschland:
Nord Telefon 0531 473 73 09,
Süd Telefon 0160 155 63 56.

Grünpflege

ISEKI Maschinen GmbH

Gold für den ISEKI TXG 23.....

Die ISEKI Maschinen GmbH in Meerbusch und Naunhof stellte 2003 als Neuheit einen 24 PS Dieseltraktor vor der zur Demopark mit einer Goldmedaille ausgezeichnet wurde. Im ersten Moment scheint dies eine Maschine von vielen zu sein. Falsch: Der neue ISEKI TXG 23 Kompaktschlepper vom Systemanbieter aus Meerbusch bietet erstmals allen Anwendern ein Gerät mit der Leistung eines kleinen Kommunaltraktors, der jedoch in Punkto Größe und Bedienungskomfort neue Maßstäbe setzt. Selbst auf kleinsten Flächen und verwinkelten Anlagen kann der neue TXG problemlos eingesetzt werden. Besonders interessant ist, dass dieses geballte Kraftpaket im Preisbereich eines kleinen Kompaktschleppers liegt. In Anbetracht der z.T. stark gerüttelten Haushaltskassen ist das ein zusätzlicher interessanter Punkt weiter zu lesen.

Der neue ISEKI TXG ist serienmäßig mit einem sehr hubraumstarken neuartigen ISEKI Dieselmotor (24 PS - Abgabeleistung) ausgestattet. Aufgrund einer außergewöhnlich niedrigen Motordrehzahl konnte der Kraftstoffverbrauch, der Schadstoffausstoß und die Lärmentwicklung auf einen weit unter dem Durchschnitt liegendes Wert reduziert werden. Obwohl es für diesen Motor noch keine Euro III - Verpflichtung besteht, unterschreitet er bereits Heute die geplanten Grenzwerte der EURO III - Norm für Motoren > 37 KW.

Ein stufenloser hydrostatischer Fahrantrieb mit 2 Fahrstufen gehört bei dem TXG zur serienmäßigen Grundausstattung. Die Steuerung der Fahrgeschwindigkeit erfolgt ermüdungsfrei über ein besonders leichtgängiges Fahrpedal. Das Sperrdifferential der Hinterachse kann sicher und leicht vom Fahrerstand aus betätigt werden. Der ISEKI "Flüstertraktor" bietet aber noch mehr! Mit dem lastschaltbaren Allradantrieb (Option) kann selbst in winterstarken Regionen professionell Schnee geräumt werden.

Die ISEKI typische Komfort- Hydraulikausstattung ermöglicht wie bei den großen ISEKI Traktoren die Steuerung aller notwendigen Front- Mittel- und Heckanbaugeräte. Aufgrund der sehr leistungsstarken Schlepperhydraulik ist es sogar möglich, hydraulisch angetriebene Anbaugeräte (Frontkehrmaschine) anzutreiben. Dieses moderne Antriebskonzept reduziert den Pflegeaufwand und die Geräuschentwicklung beim Arbeitseinsatz erheblich. Das gut abgestimmte Sortiment an original ISEKI-Anbaugeräten (Mähwerke, Grasaufnahmegeräte, Schneeschilder uvm.) kann selbstverständlich mit dem TXG wirtschaftlich genutzt werden.

Da ISEKI grundsätzlich seine Anbaugeräte und Zusatzkomponenten in Deutschland selbst entwickelt und produziert, ist der TXG ab sofort mit allen erforderlichen Bauteilen wie Vollglaskabine mit Heizung, Front- Mittel- und Heckanbaugeräte lieferbar. Ein ISEKI Fachhändler befindet sich sicher auch in Ihrer Nähe und ist gerne bereit, Ihnen die qualitativen und wirtschaftlichen Vorteile des neuen ISEKI Super-Kompakt-Schlepper in einer unverbindlichen Vorführung darzustellen.

ISEKI stellt die neuen TM 3000 und TH 4000 Traktorenserien vor...

Der Systemanbieter aus Meerbusch (nahe Düsseldorf) stellt in diesem Jahr eine Vielzahl von Neuheiten vor.

Eine dieser Neuheiten 2004 sind die neuen ISEKI Kompakt- und Kommunaltraktoren der Serien TM 3000 welche die Modellserie 2100 ersetzt. Die Erfolgsserie 3100 wird durch die neuen Traktoren der TH 4000 abgelöst.

Die Serie TM 3000 besteht aktuell aus 3 Modellen. Einem kleinen Allrad Diesel Traktor mit 16 PS Leistung. Mit nur 1000 mm Außenbreite kommt dieser Traktor überall hin und kann durch den Aufbau mit Heckzapfwelle und Kraftheber (vorn und hinten) bereits mit einer Vielzahl von Anbaugeräten verwendet werden. Die Modelle TM 3200 (20 PS) und TM 3240 (24 PS) verfügen neben der größeren Motorleistung über einen stufenlosen Hydrostatantrieb und eine Hochleistungshydraulik. Die Zapfwellen können vorgewählt und unter Last zugeschaltet werden. Hochinteressant ist die neue " SCHNELLSTOP-Funktion" der Zapfwellen. In Gefahren- oder Anfahrsituationen können die Zapfwellen im Bruchteil einer Sekunde abgestellt werden.

Die neue Kommunaltraktorenserie TH 4000 überzeugt durch einen sehr kompakten Aufbau. Gleich fünf Modelle (Schalter- und Hydrostatschlepper) bieten für jeden Anwender die optimale Maschine. So kann ein 34 PS Kommunaltraktor mit einer Außenbreite von nur 1110 mm angeboten werden. Kein schmaler Weg und keine enge Durchfahrt werden hier Probleme bereiten. Trotz dieser kompakten Außenbreite überzeugt das Fahrzeuginnere mit großzügiger Raumgestaltung und großer Übersichtlichkeit. Die Zapfwellen können unabhängig von jeder Fahrsituation zugeschaltet und vorgewählt werden. Wie bei der Serie TM 3000 wird auch die neue " SCHNELLSTOP-Funktion" der Zapfwellen angewendet. Gleich zwei starke Hydraulikpumpen sorgen auch bei schwersten Arbeitseinsätzen für eine leichte und sichere Kontrolle des Fahrzeuges. Bemerkenswert ist der äußerst geringe Geräuschpegel im Inneren der Kabine. Iseki sagt mit Stolz, dass die neuen TH 4000 Modelle die 83 dB(A) Marke unterschreiten und somit neue Maßstäbe in dieser Traktorenklasse setzen.

Alle neuen Modelle werden mit verbesserten Motoren geliefert. Diese neuen Motore zeichnen sich durch reduzierten Kraftstoffverbrauch, um 50 % verbesserte Starteigenschaften und einem angenehmen und ruhigen Motorlauf aus.

Selbstverständlich enthalten alle neuen Hydrostattraktoren der TM- und TH Serie den hervorragend bewährten und am Markt etablierten ILS – Hydrostat, welchen ISEKI 2003 vorgestellt hat.
Anbaugeräte kommen bei ISEKI, wie bekannt, zu 90 % aus der eigenen deutschen Fertigung. Dadurch wird die Arbeitsleistung der Anbaugeräte kompromißlos nur auf ISEKI Traktoren abgestimmt und der spätere Service wird bei einem Ansprechpartner (Ihr ISEKI Fachhändler) wesentlich erleichtert.

Die neuen ISEKI Traktoren stehen dem Fachhandel zur Verfügung und können unverbindlich vor Ort vorgeführt werden.

Heckauswurf- Diesel- Mähtraktor

Die ISEKI Maschinen GmbH in Meerbusch und Naunhof stellt als Neuheit HECK-AUSWURF- Dieseltraktoren vor. ISEKI startete 2003 eine konsequente Erneuerung seiner Angebotspalette. So wurde im Frühjahr 2003 das heutige Erfolgsmodell TXG 23 A (Dieseltraktor mit Allrad) präsentiert und auf Anhieb mit einer Innovationsmedaille ausgezeichnet. Im Sommer folgten die neuen Großflächenmäher SF 303/333 und der mittlerweile am Markt etablierte ILS- Hydrostat.

Daher können die neuen ISEKI SXG mit Spannung erwartet werden. Laut ISEKI sind diese Traktoren die stärksten und vielseitigsten Ihrer Klasse und somit bestens geeignet für Landschaftspfleger, Sportvereine, kommunale Anwender, Hausmeisterservicebetriebe u.v.m.

Vier Modelle stehen zur Wahl. Sie können entscheiden zwischen einem 20 PS oder 24 PS 3 Zylinder Dieselmotor und jeweils zwischen der Ausführung mit hydraulischer Boden- oder Hochentlleerung. Die Schnittbreite liegt bei 122 oder 137 cm. Diese gut abgestimmten Modelle dürften wohl für jeden Einsatz eine optimale Lösung (Systemlösung) anbieten.

Details:
Lobenswert ist die zukunftsorientierte Motorisierung bei ISEKI. Weg von hubraumschwachen Kleindieselmotoren - hin zu hubraumstarken 3 Zyl. Dieselmotoren - um eine entsprechende geringe Betriebsdrehzahl und geringe Geräuschwerte zu

erzielen. Mit 1006 ccm (20 PS lt. ECE- Norm) und 1124 ccm (24 PS lt. ECE- Norm) bei einer Drehzahl von nur 2500 U/min bleiben selbst beim anspruchsvollsten Anwender keine Wünsche offen. Aufgrund dieser außergewöhnlich niedrigen Motordrehzahl konnte der Kraftstoffverbrauch, der Schadstoffausstoß und die Lärmentwicklung auf einen weit unter dem Durchschnitt liegenden Wert reduziert werden. Selbstverständlich werden die aktuellen und geplanten Schadstoffwerte der Euro II – Norm unterschritten.

Durch den robusten Rahmenaufbau, den leistungsstarken vollhydraulischen Hydrostatantrieb und die serienmäßige Differentialsperre können die ISEKI SXG Traktoren als vollwertige Pflegetraktoren an 365 Tagen im Jahr verwendet werden. Für den Betrieb auf öffentlichen Wegen ist eine Straßenzulassung lieferbar. Typisch bei ISEKI, fast alle Anbaugeräte werden von ISEKI- Deutschland selbst

gefertigt. Daher werden alle ISEKI Traktoren mit einer Funktionsgarantie und komplett betriebsbereit an Kunden übergeben.

Besonders innovativ und für den Markt richtungsweisend sind die neuen ISEKI Zwischenachsmähwerke. Die äußerst robusten und aus einem starken Stahlblech gepreßten Mähdecks sind mit einer neuen 2 Messertechnik ausgestattet. Nach dem Motto -2 große Messer sind stärker als 3 kleine- geht es mit den neuen ISE-

KI's schnell und in einer hervorragenden Schnittqualität voran. Laut ISEKI Deutschland kamen bei einer Produktvorstellung im Herbst 2003 selbst die erfahrensten Mähspezialisten ins schwärmen.

Die Grasaufnahme wird direkt durch einen großen geraden Kanal unter dem Fahrersitz befüllt. So kann selbst bei schwierigen Verhältnissen verstopfungsfrei gearbeitet werden. Einen Grasfangbehälter mit 550 Liter Volumen ermöglicht es sogar Arbeiten durchzuführen, die bis dato von größeren Traktoren durchgeführt wurden. Der Grasbehälter wird fast zu 100 % befüllt. Selbstverständlich wird der Fahrer akustisch auf den gefüllten Fangbehälter hingewiesen. Hochinteressant ist, das bei den neuen SXG Modellen die Füllstandsanzeige auf die Grasverhältnisse (naß oder trocken) angepaßt werden kann.

Nicht nur hochwertige Mäharbeiten lassen sich mit dem ISEKI SXG durchführen. Durch die überzeugende Bauweise sind die SXG Modelle echte Multitalente, die ganzjährig für Freude am Fahren sorgen.

Laut ISEKI- Deutschland ist das Modell SXG 19 komplett als funktionsfähiger Mähtraktor mit 550 ltr. Grasaufnahme bereits ab einem empfohlenen Herstellerpreis unter € 11.000 + 16 % MwSt. zu erhalten. Das sind Nachrichten die in der grünen Branche sicher großes Interesse wecken sollten. Zahlreichen Fachhändler in Deutschland sind mit den Geräten ausgestattet und können im Zuge einer Vorführung die besonderen Qualitäten der neuen SXG vorstellen.

Bei Interesse wenden Sie sich an:
ISEKI Maschinen GmbH,
Rudolf-Diesel-Str. 4 – 6, 40670 Meerbusch – Osterath,
Tel. 02159- 5205 – 0 Fax – 12,
Internet: www.iseki.de,
Email: Info@iseki.de

16 PS Diesel– Allradtraktor ab € 8.450,00 inkl. MwSt.

Die ISEKI Maschinen GmbH Deutschland präsentiert den neuen TM 3160 A Allradtraktor. Mit 16 PS ist er der kleinste Diesel-Allradtraktor im umfangreichen ISEKI

Sortiment. Für seine Größe bemessen jedoch ein echtes Arbeitstier. Das sehr gute Preis- Leistungsverhältnis macht diesen neuen Traktor besonders für Neueinsteiger oder Umsteiger von handgeführten Profieinachsern auf Traktoren interessant.

Der 3 Zylinder wassergekühlte Dieselmotor mit einem Hubraum vom 928 cm^3 leitet echte 16 PS an die serienmäßige Heckzapfwelle. Ab Werk ist bereits eine starke Hydraulikpumpe enthalten, welche kraftvoll den Norm- Heckkraftheber (Baugröße Kat 1) anhebt. Somit können bereits in der einfachen Ausstattung Anbaugeräte wie Bodenfräse, Pflug, Anhänger u.v.m. betrieben werden. Das Schaltgetriebe mit 6 vorwärts- und 2 rückwärts- Gängen ermöglicht es zu jedem Einsatz die passende Geschwindigkeit zu wählen. Die maximale Fahrgeschwindigkeit liegt bei sehr guten 19 km/h. Bei schwersten Einsätzen kann der Allradantrieb und die Differentialsperre separat zugeschaltet werden.

Ein abgerundetes Anbaugeräteprogramm von der Frontzapfwelle über Frontkraftheber, bis zur optimalen Hydraulikausstattung mit 3 Funktionen stellt ISEKI "Der Systemanbieter" als Zubehör zu Verfügung. Selbstverständlich können Original – ISEKI - Anbaugeräte (Frontkehrmaschine, Schneeschild, Mähwerk und auch Kabinen mit Heizung) verwendet werden.

Mit einer Durchfahrtsbreite von nur 1000 mm (Ackerstollenbereifung) kommt dieser kleine starke Schlepper fast überall durch um seine tägliche Arbeit zu verrichten. Bei Interesse wenden Sie sich an:

ILS- Hydrostat besonders stark im Winterdienst....

Seit Anfang des Jahres 2003 bietet die ISEKI Maschinen GmbH seinen Kunden ein neues Fahrsystem für Traktoren mit Hydrostatantrieb an. Der sogenannte ISEKI ILS- Hydrostat ist ein automotives Fahrsystem das laut ISEKI Deutschland als eine der wichtigsten Neuheiten in diesem Jahr bezeichnet wird. Die Besonderheit liegt in der leichtgängigen und wirtschaftlichen Funktion des Antriebes. Lieferbar ist

dieser Antrieb für alle ISEKI- Hydrostat- Traktoren von 20 bis 40 PS Motorleistung. Betrachtet man den neuen ISEKI- Antrieb mit bisherigen Antrieben, fallen folgende Punkte besonders auf: Traktoren mit konventionellen Hydrostatantrieben werden aufgrund der Handgassteuerung in der Regel mit Vollgas gefahren. Sie verbrauchen somit ein Maximum an Kraftstoff und produzieren somit eine entsprechende Menge an Schadstoffen und Lärm. Lärm der gerade im Bereich der Anlagenpflege und kommunale Anwendungen immer mehr in Kritik gerät,

Laut ISEKI Deutschland sind mit dem neuen ISEKI Fahrsystem "ILS-Hydrostat" bedeutet übersetzt: "I= ISEKI, L = Leichtfahr, S = System" genau diese Punkte der konventionellen Hydrostatantriebe eliminiert. Zahlreiche Anwenderberichte aus dem Jahre 2003 vergleichen den Antrieb mit den Vorzügen eines automatischen PKW Antriebes und loben die gravierende Reduzierung des Kabinengeräusches.

Der besondere Kundennutzen liegt in den Bereichen Wirtschaftlichkeit, Umweltschonung und Bedienerkomfort. Die ISEKI Traktoren mit ILS-Hydrostat passen die Motordrehzahl automatisch der aktuellen Fahrgeschwindigkeit an. Somit wird der Kraftstoffverbrauch und der Schadstoffausstoß, bei durchschnittlicher Betrach-

tung, um ca. 20 % reduziert. Der Lärm (Schalldruckpegel) wird je nach Modell um bis zu 50 % reduziert, was als eine sehr gravierende Verbesserung zu bewerten ist.

Die Vorteile des neuen und schon in kürzester Zeit bewährten ISEKI ILS- Fahrsystem können besonders im Winterdienst genutzt werden. Laut ISEKI- Deutschland werden mittlerweile fast 100 % aller verkauften Traktoren mit ILS ausgeliefert was die Akzeptanz und den Kundennutzen klar darstellt.

Bei Interesse wenden Sie sich direkt an die:
ISEKI Maschinen GmbH,
 Rudolf-Diesel-Straße 4 – 6 ,
40670 Meerbusch,
Tel. 02159 / 520 50, Fax – 12,
Email: info@iseki.de,
Homepage: www.iseki.de

Die Zeit ist reif für KOPF-Lösungen.

Die Zukunft des Klärschlamms

Dezentrale und energetische Verwertung

Die KOPF AG liefert die Lösung. **Nachhaltig. Wirtschaftlich** **Unabhängig. Vor Ort.** Mit einem ausgereiften Verfahre und überlegener Technik. Zur Strom- und Wärmegewinnung Und vielseitig verwertbarem Granulat als Reststoff.

Seit Oktober 2002 im Dauerbetrieb: Klärschlammvergasungsanlage in Balingen.

AKTUELL: Dauerbetriebs- genehmigung gemäß **17. BImSchV** erteilt

Die KOPF AG entwickelt optimiert Umweltlösungen. Mit innovative Technologie für alternative Energie konzepte. Aus einer Hand und mi dem Ziel, nachhaltiges Wirtschafte zu realisieren.

Ihr direkter Weg zum Klärschlammkonzept der KOPF AG:
Telefon 07454/75-156, Telefax 07454/75-281, klaerschlamm@kopf-ag.c

KOPF AG
Stützenstraße 6
72172 Sulz-Bergfelden
www.kopf-ag.de

KOPF
Zukunftstechnologie
Mehr für die Umwelt, mehr vom Lebe

Klärschlammverwertung

Kopf AG, Umwelt- und Energietechnik

Thermische und stoffliche Verwertung von Klärschlamm mit dem System Kopf

Die landwirtschaftliche Ausbringung von Klärschlamm ist äußerst umstritten. Eine Verschärfung der Grenzwerte ist absehbar. Auf Grund der Rechtslage (TASI) ist ab 1. Juli 2005 eine Deponierung von unbehandeltem Klärschlamm nicht mehr statthaft. Zur thermischen Behandlung des Klärschlamms gibt es somit keine Alternati-

ve. Das System Kopf ist ein erprobtes, in ökologischer und in wirtschaftlicher Hinsicht geeignetes Verfahren, um die Schadstoffe aus dem Klärschlamm zu entfernen und die Wertstoffe verfügbar zu machen. Der Klärschlamm wird ohne umweltbelastende Transporte direkt auf der Kläranlage zu Strom, Wärme und einem vielseitig verwendbaren Mineralgranulat verwertet.

Das Verfahren

Das Verfahren beruht auf der Vergasung in der Wirbelschicht. Dieses Prinzip gewährleistet eine optimale Durchmischung und damit eine schnelle und voll-

Tabelle 1:			
Massen- und Volumenreduktion			
Material	TS-Gehalt	Masse	Volumen
Klärschlamm zur Trocknung	32%	1000 kg	1,00 cbm
Schlammgranulat, getrocknet	80%	400 kg	0,52 cbm
Mineralgranulat	100%	160 kg	0,15 cbm

ständige Umsetzung des Einsatzstoffs. Der getrocknete Klärschlamm wird aus einem Vorlagesilo in den Gaskühler gefördert und fungiert dort als Filter. Von dort gelangt er durch eine Stopfschnecke in den Vergasungsreaktor. Die zur Aufrechterhaltung der Reaktion erforderliche Vergasungsluft wird durch einen Düsenboden von unten in den Reaktor eingebracht. Durch eine unterstöchiometrische Verbrennung wird im Reaktor eine Temperatur von etwa 850°C erreicht, bei der die typischen Vergasungsreaktionen ablaufen. Das erzeugte Gas wird wird in einem Zyklon entstaubt. Im Rekuperator wird die Vergasungsluft auf etwa 400°C erwärmt, gleichzeitig sinkt die Rohgastemperatur auf etwa 600°C. Das Rohgas gelangt dann von oben in den Gaskühler. Dieser erfüllt zunächst einmal die Funktion einer Quenche und fungiert im unteren Teil als Filter. Durch mit hohem Druck oben eingesprühtes Wasser wird das Gas schnell auf unter 150°C abgekühlt. Die gefürchtete denovo-Synthese von Dioxin wird daher völlig vermieden. Die Abkühlung führt zur Kondensation der im Rohgas noch in geringen Mengen enthaltenen Öle und Teere, die im unteren Teil des Gaskühlers am Klärschlamm-granulat abgeschieden werden. Sie gelangen mit diesem in den Vergaser und werden dort in einfache gasförmige Verbindungen gespalten.

Produkte und Kennzahlen

Das im Reaktor entstehende Mineralgranulat gelangt vom Überlauf der Wirbelschicht über eine Kühlschnecke in einen geschlossenen Container. Es ist inert, auslaugsicher, körnig, trocken und reich an Kalium und Phosphor. Die Kriterien der TA Siedlungsabfall Anhang B für Deponieklasse I werden eingehalten, siehe Tabelle 2. Die Zuordnung nach LAGA erfolgt in die Klassen Z0 bis Z2, je nach Gehalt an Kupfer und Zink im Klärschlamm. Diese Produktqualität eröffnet viele Verwertungsmöglichkeiten, z. B. den Einbau in Deponiekörper, die Nutzung zur Verfüllung von Gräben und für Aufschüttungen, oder als Unterschicht für Rekultivierungen.

Das erzeugte Gas enthält die brennbaren Komponenten H2, CO und Methan. Die Gasanalyse im Einzelnen hängt dabei von der Zusammensetzung des eingesetzten Schlamms ab. Das Gas ist allein oder auch gemischt mit Erdgas oder Faulgas im Gasmotor oder im Dampf- oder Thermalölkessel verwertbar. Das Gas hat zwar

Tabelle 2 Analysenwerte, Grenzwerte und Zuordnungswerte für Mineralgranulat

Analysen-Parameter	Code bzw. Formel	Einheit	Messwert	Anforderung LAGA Z 1.2	Grenzwert Deponie Klasse I
Originalsubstanz					
Glühverlust		%	0.60%		3%
Schwermetalle					
Arsen	As	mg/kg	3.89 - 11.4	40	
Blei	Pb	mg/kg	42.5 - 57.5	100	
Cadmium	Cd	mg/kg	0.25 - 1	5	
Chrom gesamt	Cr	mg/kg	72.5 - 196	75	
Kupfer	Cu	mg/kg	350 - 1330	150	
Nickel	Ni	mg/kg	33.5 - 80	150	
Quecksilber	Hg	mg/kg	0.013 - 0.03	1	
Thallium	Tl	mg/kg	0.50 - 0.75	3	
Zink	Zn	mg/kg	695 - 1180	300	
Cyanide gesamt	CN	mg/kg	0.09 - 0.4		
Polychlorierte Dibenzine/Furane	TEq	ng/kg	0.05		
Eluatwerte					
pH			9.2 - 11.6	6 - 12	5.5 - 13
Leitfähigkeit		S/cm	1150 - 1170	1000	50000
Chloride	Cl	mg/l	12.3 - 16.2	20	
Sulfat	SO4	mg/l	105 - 650	100	
Cyanide	CN	µg/l	5 - 21	50	100
Phenolindex		µg/l	11 - 110	50	200
Arsen	As	µg/l	4 - 8	40	200
Blei	Pb	µg/l	< 3	100	200
Cadmium	Cd	µg/l	< 0.1	5	50
Chrom	Cr	µg/l	1 - 21	75	50
Kupfer	Cu	µg/l	1 - 15	150	1000
Nickel	Ni	µg/l	< 3	150	200
Kupfer	Hg	µg/l	0.1 - 0.7	1	5
Thallium	Tl	µg/l	< 5	3	
Zink	Zn	µg/l	40	300	< 2000

einen relativ niedrigen Heizwert, durch den Wasserstoffgehalt hat es jedoch gute Zündeigenschaften.

Die Zahlen in Tab. 1 beziehen sich auf aus-gefaulten Schlamm mit 32% TS, der auf 80% TS getrocknet und so vergast wird. Der elektrische und thermische Eigenbedarf einer typischen Anlage betragen jeweils rund 0,1 kWh/kgTS. Der Stromwirkungsgrad im Gasmotor liegt bei über 30%. Einschließlich der thermischen Leistung ist ein Gesamtwirkungsgrad von nahezu 90 % erreichbar.

Einsatzbeispiel Balingen

Die Kläranlage Balingen ist auf einen Anschluss-wert von 125.000 Einwohnern ausgelegt und behandelt im Jahr rund 10.000.000 m³ Abwasser. Mit der Zielsetzung, die Kläranlage energieautark zu machen, wurde für das Faulgas ein BHKW errichtet, eine solare Trocknungsanlage erstellt und eine Turbine im Kläranlagenablauf installiert. Zur Nutzung des restlichen Energiegehalts des bereits ausgefaulten Klärschlamms, ließ der Zweckverband eine KOPF-Klärschlammvergasungsanlage auf dem Gelände der Kläranlage errichten. Diese wird seit Oktober 2002 betrieben, der Dauerbetrieb wurde vom Regierungspräsidium Tübingen nach der 17. BimSchV genehmigt. Die Anlage verarbeitet stündlich etwa 230 kg Klärschlamm mit 70–80 % TS. Seit die Anlage in Betrieb ist, hat sie den gesamten anfallenden Klärschlamm aus der solaren Trocknungsanlage verarbeitet. Außerdem wurden für Testfahrten auch Schläamme aus anderen Käranlagen eingesetzt. Die Anlage benötigt einschließlich des BHKW-Containers etwa 100 m² Grundfläche.

Die elektrischen Anlagen und ver-schiedene Nebenanlagen befinden sich in einem zweiten Container. Die Errichtung eines Gebäudes war nicht erforderlich. Die Abgasmenge der Balinger Anlage von etwa 300 m³ stündlich ist vergleichbar mit der Abluft aus der Heizung eines Mehrfamilienhauses.

Betreibermodell
Die Kopf AG bietet die Planung, Errichtung und Inbetriebnahme von Anlagen bis hin zur schlüsselfertigen Übergabe. Eine interessante Alternative ist das von der EBKO (Gemeinschaftsunternehmen von Kopf AG und Südmüll GmbH) angebotene Betreibermodell. Der Kläranlagenbetreiber tätigt keine Investition, er stellt nur eine geeignete Fläche bei der Kläranlage zur Verfügung. Die EBKO plant und errichtet die Anlage. Im täglichen Betrieb übernimmt sie den Schlamm aus der Entwässerung, verarbeitet ihn, verwertet die erzeugten Produkte und erbringt die entsprechenden gesetzlich vorgeschriebenen Nachweise. Der gesamte Betrieb der Verwertungsanlage, einschließlich Wartung und Instandhaltung, wird durch die EBKO geleistet.

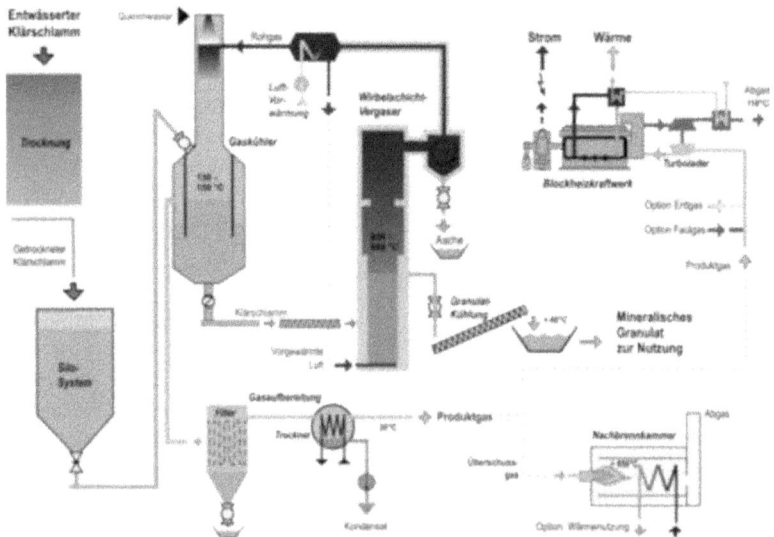

Kontakt:

KOPF AG Umwelt- und Energietechnik
Stützenstraße 6
72172 Sulz-Bergelden
Tel.: 07454 75-0
Fax: 07454 75 224
E-mail: www.kopf.ag
Internet: info@kopf-ag.de

EBKO GmbH
Stützenstraße 6
72172 Sulz-Bergfelden
Telefon 07454/75-325
Büro Heßheim
Gerolsheimer Staße
67258 Heßheim/Pfalz
Telefon 06233/7701-63

Kommunaltechnik

Pfau Kommunalgeräte GmbH

Pfau Kommunalgeräte

Pfau Kommunalgeräte GmbH ist ein in Springe bei Hannover ansässiges Unternehmen. Neben der Herstellung von Anbaugeräten für Schmalspurfahrzeuge, Geländewagen und Transporter hat sich Pfau seit Mitte der 80ger Jahre auf die Produktion von Fahrzeugen für den kommunalen Bedarf spezialisiert. Pfau bietet heute eine komplette Fahrzeugserie von 1.5t bis 9t Gesamtgewicht an. Die Fahrzeuge sind in drei Klassen aufgeteilt. Die leichte Baureihe von 1,5-3,2t, die mittlere Baureihe von 5,5-7,5 t sowie die schwere Baureihe von 5,5 - 9t.

Die leichte Fahrzeugbaureihe

Die leichte Fahrzeugbaureihe besteht aus dem Witrak, dem Unijet sowie dem Kommujet. Die Fahrzeuge können in verschiedenen Gewichtsklassen von 1,5 - 3,2 t geliefert werden. Alle drei Fahrzeugtypen sind speziell für den Winterdienst auf

Gehwegen, in engen Gassen oder im Fußgängerzonenbereich entwickelt worden und können mit einem Komfortfahrerhaus ausgestattet werden. Dieses Fahrerhaus ist 250mm länger als das Standardfahrerhaus und bietet bequem Platz für den

Ganztageseinsatz.
Je nach Fahrzeugtyp und Gewichtsklasse können die Fahrzeuge mit den verschiedensten An- bzw. Aufbaugeräten, wie Schneepflug, Besen, Streuautomat oder Müllsammelcontainer ausgerüstet werden um einen optimalen Ganzjahreseinsatz zu gewährleisten.

Die mittlere Fahrzeugbaureihe

Der Rexter 4x2 oder 4x4, ist ein kompakter, robuster Geräteträger mit viel Power, komfortabler und ergonomischer Ausstattung in den Gewichtsklassen von 5,5, 6,5 und 7,5t Gesamtgewicht. Trotz seines kurzen Radstandes, verfügt der Rexter über einen optimalen Fahrkomfort in jedem Beladungszustand.
Mit seinem hoch belastbaren Leiterrahmen, dem kleinen Wenderadius, hohen Achslasten, dem kippbaren Fahrerhaus, dem Dreiseitenkipper, Absetz- oder Abrollsystem, dem sparsamen Direkteinspritzer-Dieselmotor, der selbstverständlich die

Abgasnorm Euro 3 erfüllt, bietet der Rexter eine solide und wirtschaftliche Basis als Transporter und Geräteträger. Scheibenbremse und ABS gehören ebenso wie das vollsynchronisierte Getriebe mit Kriechganguntersetzung zur Grundausstattung des Rexter`s. Durch die optional erhältliche Luftfederung kann der Rexter mit jedem An- oder Aufbaugerät automatisch das Niveau der Längs- und Querneigung ausgleichen. Besonders in beladenem Zustand oder in kritischen Situationen wird dadurch die Fahrstabilität und Sicherheit überzeugend verbessert.
Der Rexter kann mit den unterschiedlichsten An- und Aufbaugeräten wie z.B. Abroll- oder Absetzkipper, Kranaufbau, Winterdienstausrüstung, Wassersprühanlage mit Wasserfass bis zu 4000 l, ausgerüstet werden, sodass er für fast jeden Bedarf die optimale Lösung

Die schwere Fahrzeugbaureihe
Protos

Das neuste Produkt aus dem Hause Pfau ist der Protos 4x4. Der Protos ist der größere Bruder des Pfau Rexter's und liegt mit seinen Abmessungen und Nutzlasten
von bis zu 6t (je nach Typ und Ausrüstung) höher als der Rexter. Ein sparsamer,

starker Dieselmotor mit 105kW treibt den Protos
an. Standardmäßig hat der Protos an der Hinterachse eine Zwillingsbereifung, kann aber auf
Wunsch mit einer Singlebereifung (Option) ausgerüstet werden. Sein komfortables Führerhaus ist
mit drei bequemen Sitzplätzen ausgestattet. Fahr-
tenschreiber, mechanischer Fahrerschwingsitz,
diverse Ablagefächer, Zigarrenanzünder, Armlehnen usw. gehören ebenso wie die
elektrischen Fensterheber zur Grundausstattung des Protos.
Als Optionen kann der Protos mit verschiedenen Hydraulikanlagen je nach benö-
tigter Größe ausgestattet werden. Dreiseitenkipper, Luftfederung, Getrieberedu-
zierung, HA - Sperre und ein Abroll- oder Absetzsystem stehen ebenfalls als Optionen zur Verfügung.
Seit 30 Jahren werden von Pfau Schneepflüge, Streuer sowie Kehrbesen gebaut
und stetig weiterentwickelt. Diese Geräte sind passend für viele Geländewagen,
Transporter sowie für die leichte Fahrzeugbaureihe von Pfau.
Dies ermöglicht eine optimale Geräteanpassung an die Fahrzeuge der leichten
Baureihe und gewährleistet einen zuverlässigen Einsatz über Jahre. Durch die enge
Zusammenarbeit mit verschiedenen Großgeräteherstellern konnte eine optimale
Symbiose zwischen Fahrzeugen und Geräten geschaffen werden, die für Nutzung
und den Einsatz der Fahrzeuge nur von Vorteil ist.
Pfau Kommunalgeräte kann sich mit Stolz als Fulliner betrachten und kann dem
Kunden optimal abgestimmte Komplettlösungen für den täglichen Einsatz im
Sommer- sowie im Winterdienst zur Verfügung stellen.

Taros
Der Taros mit einem Gesamtgewicht von 6,5t, permanenten Allradantrieb mit drei
Sperren, dem stabilen Dreiseitenkipper, Hydraulikanlagen in verschiedenen Lei-
stungsbereichen, DIN-Geräteanbauplatte sowie Lufterzeugungsanlage ist der Pfau
- Taros eine echte alternative zum bestehenden Marktsegment und ist für den Ein-

satz im schweren Gelände bestens ausgerüstet. Den Taros gibt es neben der einfachen Kabine mit 2 Sitzen + Fahrersitz auch als Doppelkabine mit 6 Sitzplätzen + Fahrersitz.

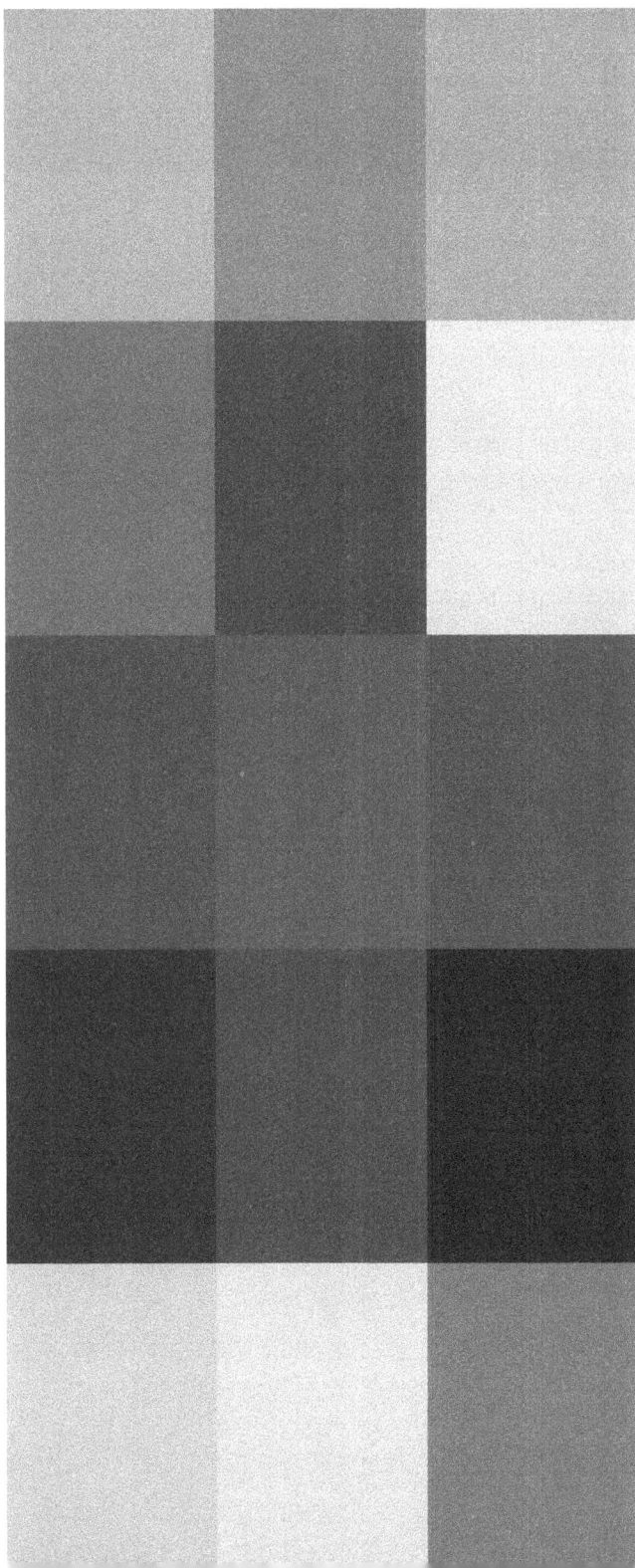

Kommunaltechnik

Kiefer GmbH

BOKIMOBIL – universell einsetzbares Kommunalfahrzeug

Seit langem stellt die Kiefer GmbH, 84405 Dorfen, Kommunalfahrzeuge für den Einsatz zu jeder Jahreszeit her. Die Hydrostaten BOKIMOBIL Kommunal-Fahrzeug HY 1251 und HY 1351 verbinden kompakte Abmessungen, totale Wendigkeit und starke Leistung. Das Schmalspurfahrzeug eignet sich besonders für Arbeiten auf engstem Raum wie Reinigung und Instandhaltung von Altstadtbereichen und Fußgängerzonen, aber auch für den Winterdienst und ganz besonders für den Mäheinsatz. Als jüngstes Modell ist das schaltgetriebene BOKIMOBIL 1151 in die BOKIMOBIL-Familie gekommen.

Bei den Geräteträgern wird großer Wert auf die Bedienfreundlichkeit gelegt. Deshalb sind die Fahrzeuge serienmäßig mit Joy-Stick-Steuerung ausgestattet. Das auf den Fahrer zugeschnittene Armaturenbrett mit Multifunktionsanzeige besticht durch die Lage der Bedienelemente um den Fahrer herum. Die Anordnung der Pedale und die Sitzposition sind ergonomisch, die Lenksäule ist ausziehbar und neigungsverstellbar.

Abb.: BOKIMOBIL HY 1351 mit Kehrsaugmaschine

Die verschiedenen Typen HY 1351, HY 1251, HY 1251 S und 1151 gibt es mit einer Außenbreite zwischen 1,20 m und 1,40 m. Allrad-Lenkung und 4 Lenkungsarten (Vorderrad-, Hinterrad, Rundgang- und Hundeganglenkung) sorgen bei den

Hydrostaten für die extreme, z.B. beim Kehr- und Mäheinsatz. Das Schnellwechselsystem sorgt dafür, daß eine Reihe von Anbaugeräten in kürzester Zeit mit dem BOKIMOBIL zum Einsatz kommt.

Es stehen verschiedene Anbaugeräte für die kommunale Landschaftspflege zur Auswahl, vom Sichelmähwerk mit Gras- und Laubsaug-Container über Doppelmesser-Balkenmähwerk bis hin zur Wildkrautbürste.

In der Straßenreinigung hat der Geräteträger ebenfalls beste Einsatzmöglichkeiten. Es steht eine Kehrsaugmaschine zum Anbau bereit, die kombiniert mit dem Gras- und Laubsaug-Container in der Straßen- und Gehsteigpflege hervorragende Dienste leistet. Für den Fußgängerbereich sein noch die Gieß- und Bewässerungsanlage erwähnt.

Auch für den Winterdienst ist das BOKIMOBIL bestens gerüstet. Dort kommen Schneefräse und –pflug sowie Walzenstreuer mit zuschaltbarem Streuteller zum Einsatz.

Kompakt, wendig und kraftvoll

Auch im Friedhofsbereich hat die Technik Einzug gehalten: Moderne Friedhofsbagger, wie sie von der Kiefer GmbH, 84402 Dorfen, hergestellt werden, verkürzen die Aushubzeit der Gräber auf ein Minimum. Die Wirtschaftlichkeit der Geräte rechnet sich durch die Arbeitszeitersparnis in Mark und Pfennig.

Einerseits werden im Friedhofsbereich extrem schmale und wendige Bagger gefordert, andererseits müssen sie in Bezug auf Kraft und Reichweite höchsten Ansprüchen genügen. Die schmälste Version der BOKI-Bagger, der BOKI Kompaktbagger Typ 2051/2551, hat nur eine Außenbreite von 83 cm. Noch tiefer gräbt der BOKI-Bagger durch den Anbau eines Teleskoparms. Damit erhöht sich gleichzeitig auch der Wirkungsradius des Baggers, um an unzugängliche Stellen zu gelangen.

Die Kiefer-Konstrukteure legen großen Wert auf Ergonomie: Ein bequemer und bedienungsfreundlicher Arbeitsplatz, z.B. bestehend aus rundumverglaster Kabine, Komfort-Sitz, Joy-Stick-Steuerung und vorgesteuerten Ventilen, wie dies in den Modellen BOKI Kompaktbagger Typ 2551 E, BOKI Mobilbagger Typ 2651, 4551 und Typ 6551 realisiert wurde, ist die Grundlage für sicheres und ermüdungsfreies Arbeiten. Biologisch abbaubare Hydraulik-Flüssigkeit, ein Katalysator zur Abgasreduzierung und insgesamt geringe Schadstoff- und Lärmemmissionen sind weitere Argumente, die für den modernen Friedhofsbagger sprechen.

Gute Friedhofsbagger bieten weitere komfortable Optionen wie einen hydraulischen Niveauausgleich, der in Friedhöfen mit Hanglage unverzichtbar für sicheres Arbeiten ist. Die Standsicherheit kann auch durch einzeln steuerbare Stützfüße erhöht werden.

Als Zubehör kann für den mühelosen Anbau von Lasthaken, Erdbohrgerät oder Exhumierungsgabel ein Greifer-Schnellwechsel-System angebracht werden.

Die Kiefer GmbH bietet inzwischen verschiedene Bagger-Typen für unterschiedliche Einsatzzwecke an: den handgeführten Kompaktbagger Typ 2551, der sich

Abb.: BOKI Mobilbagger Typ 6551 im Einsatz

durch seine schmale Außenbreite optimal für enge Bereiche, in denen die Wendigkeit eines Dreirad-Baggers gefragt ist, eignen, oder leistungsstärkere Mobil-Bagger für breitere Wege mit hydrostatischem Fahrantrieb und vollhydraulischer Allradlenkung mit vier Lenkungsarten.

Weitere technische Geräte wie das BOKI BULK 2 Container-Fahrzeug, das sich zum Transport von Spezialbehältern auf dem Friedhof eignet und sich fast auf der Stelle drehen läßt, oder ein schmales, wendiges Transportfahrzeug wie das BOKIMOBIL Typ 1151 mit Anhänger zum Transport der Bagger sind allerorten gefragt.

NEU: CAT RADLADER BIS 6 t

PROFIS VERTRAUEN AUF CAT!

50
ZEPPELIN &
CATERPILLAR

„Ich muss ständig dafür sorgen, dass die Firma läuft."

Trotzdem steige ich immer wieder gerne in eine meiner Baumaschinen und helfe kräftig mit. So erfährt man selbst, ob ein Gerät was taugt. Profis vertrauen auf Cat und Zeppelin.

z.B. Cat 906: 53 kW • 0,8 m³ • 5,1 t

Einzigartig bei den Cat Radladern dieser Klasse: der Parallellhub-Ladearm in geschlossener Kastenbauweise bleibt auch bei hohen Arbeitskräften steif und sorgt für beste Sichtverhältnisse. Auch der Bedienkomfort lässt keine Wünsche offen: eine schwingungsarm gelagerte, geräumige Kabine mit hervorragender Rundumsicht und die ergonomisch vorbildlichen Bedienelemente – auch für die Zusatzhydraulik – sorgen für einen effizienten und ermüdungsfreien Arbeitstag. **www.zeppelin.de**

Kunden-Informations-Center: Tel. 0800 888 77 00

ZEPPELIN **CAT**

Kommunaltechnik

Zeppelin GmbH

Zeppelin – Tradition verpflichtet zu Wandel und Wachstum

Garching bei München, im Oktober 2004 (zep/AD). Es gibt Sätze, mit denen wird Firmengeschichte gemacht. Der Wahlspruch von Ferdinand Graf von Zeppelin gehört dazu: "Man muss nur wollen und daran glauben, dann wird es gelingen", sagte sich der Graf vom Bodensee – und stellte als Visionär so manches auf die Beine. Starker Wille und unerschütterter Glaube brachten den Diplomaten, General der Kavallerie und Luftschiffpionier sowie seine Unternehmungen voran. Noch heute steht der ,Zeppelin', das von Graf Ferdinand entwickelte Luftschiff, für eine Vision, die Wirklichkeit wurde.

Aus dem Ursprungsbetrieb, der Zeppelin Luftschiffbau, entstand nach dem 2. Weltkrieg die heutige ZEPPELIN GmbH, deren Firmensitz nach wie vor in Friedrichshafen ist. Das Unternehmen, dessen Konzernzentrale sich mittlerweile in Garching bei München befindet, erwirtschaftet heute rund 1,5 Milliarden Euro Umsatz und beschäftigt an mehr als 180 Standorten weltweit über 4000 Mitarbeiter.

Zeppelin ist mittlerweile ein global agierender Technologie- und Handelskonzern. Deren Industriebereich zählt zu den weltweit führenden Herstellern schlüsselfertigen Anlagen für das Lagern, Fördern und Mischen von Kunststoffgranulaten und Pulvern. Die Zeppelin Silo- und Apparatetechnik GmbH, Leitgesellschaft des Industriebereiches von Zeppelin, hat ihren Firmensitz ebenfalls in Friedrichshafen.

Baumaschinen, Motoren und Flurförderzeuge

Tragende Säule des Zeppelin Konzerns ist heute der Handelsbereich, der rund 95 Prozent des Gesamtumsatzes erwirtschaftet. Bereits 1954 erhielt das Unternehmen die Exklusivrechte des Weltmarktführers Caterpillar Inc., Peoria (IL), für den Vertrieb von Baumaschinen und Motoren in Deutschland. Mittlerweile haben die Partner ihre Zusammenarbeit auf weitere Länder und Regionen ausgeweitet: Österreich, Tschechien, die Slowakei, Nordwest-, Südwest- und Weiß-Russland, die Ukraine sowie die mittelasiatischen Länder Tadschikistan, Turkmenistan und Usbekistan. Neben Baumaschinen und Motoren vertreibt Zeppelin auch Spezialgeräte für den Hoch- und Tiefbau sowie eine Vielfalt an Anbaugeräten. Das Produktportfolio umfasst außerdem Gabelstapler und Lagertechnik-Geräte der Marke Hyster.

Herstellerpartner ist die NACCO Materials Handling Group, Portland (OR), einer der führenden Global Player der Branche.

Seit 50 Jahren ist Zeppelin der Exklusiv-Vertriebspartner von Caterpillar in Deutschland, aber auch weiteren zwölf Ländern und Regionen Osteuropas und Mittelasiens. Das Produktprogramm ist umfassend: vom Kompaktgerät wie hier der Kurzheckbagger Cat 304 CR bis hin zu großen Erdbewegungsmaschinen

Auch zahlreiche Anbaugeräte bietet Zeppelin seinen Kunden, sie machen die Maschinen noch vielseitiger. Im Bild ein Cat Kompaktlader 226 mit dem Cat Hydraulikhammer H63.

Ob transportieren, stapeln oder kommissionieren – mit einer Produktpalette, die mehr als 140 Hyster Modelle umfasst, ist Zeppelin auch in diesem Bereich ein Full-Liner.

Alles aus einer Hand – das Systemangebot von Zeppelin

Die Philosophie von Zeppelin lautet, Systemanbieter zu sein. Es geht nicht nur um den reinen Vertrieb der Produkte. Das Unternehmen bietet seinen Kunden auch alle damit verbundenen Dienstleistungen: Von der Ersatzteillogistik und dem professionellen Service, über kurz- und langfristige Mietprogramme, bis hin zu Finanzierungen. Alles aus einer Hand und immer dort, wo die Kunden sind.

Diese Philosophie hat Zeppelin im Bereich Baumaschinen die Marktführerschaft in Deutschland und Europa eingebracht. Getreu dem Wahlspruch des Grafen haben die ,Zeppeliner' die Herausforderung angenommen und sich in einer bekanntermaßen schwierigen Branche ausgezeichnet etabliert. Dahinter steht eine flächendeckende Organisation an Vertriebs-, Service- und Mietstützpunkten. Allein in Deutschland sind es mehr als 120 Standorte. Die Nähe zum Kunden wird aber auch durch eine mehr als 900 Fahrzeuge umfassende Serviceflotte sichergestellt.

Tag für Tag sind mehr als 900 Service-Fahrzeuge von Zeppelin im Einsatz und garantieren eine schnelle und zuverlässige Hilfe.

MVS Zeppelin – The Cat Rental Store: Hinter diesem Namen stehen 120 Standorte und mehr als 30.000 Produkte, die für projektbezogene Einsätze gemietet werden können.

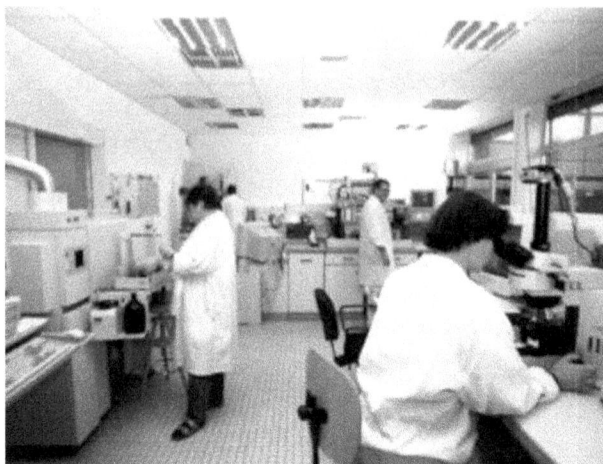

Mehr als 70.000 Öl- und Kühlmittelproben analysiert das Zeppelin Öllabor jedes Jahr. Sie ermöglichen einen Rückschluss auf den Zustand von Motor und Hydraulik – eine Maßnahme, die die Lebensdauer einer Maschine deutlich erhöhen kann.

Als erstes Baumaschinen-Handelsunternehmen etablierte Zeppelin bereits vor Jahren einen Tag- und Nacht-Notdienst für Ersatzteile und Reparaturen. 98 Prozent aller Ersatzteile liefert das Unternehmen von seinem zentralen Ersatzteillager aus innerhalb von 24 Stunden. Zur fachgerechten Wartung der Maschinen bietet Zeppelin darüber hinaus eine Vielzahl an Serviceleistungen: von kostentransparenten Serviceverträgen über Öldiagnosen bis hin zu Runderneuerungsprogrammen.

Für kurzzeitige oder projektbezogenen Einsätze steht den Kunden über die MVS Zeppelin GmbH & Co. KG eine mehr als 30.000 Produkte umfassende Mietflotte zur Verfügung – vom Bohrhammer über Baustellenausrüstungen bis hin zu schweren Erdbewegungsmaschinen.

Für viele Kunden sind Gebrauchtmaschinen eine interessante Alternative. Auch hier steht ihnen Zeppelin zur Seite. Das laufende Angebot an Werkstatt geprüften Baumaschinen, Motoren, Gabelstaplern und vielfältigen Anbauteilen ist samt detaillierten Informationen tagesaktuell auf der Zeppelin-Homepage (www.zeppelin.de) abrufbar.

Ob neu, gemietet oder gebraucht – selbst bei der Finanzierung seiner Produkte

versteht sich Zeppelin als echter Partner seiner Kunden. Das Ziel lautet dabei, *Die Nähe zum Kunden wird bei Zeppelin durch ein flächendeckendes Netz an Vertriebs-, Service und Mietstandorten sichergestellt.*

ihnen eine klare Kalkulationsbasis sowie eine schnelle und unbürokratische Abwicklung zu ermöglichen.

Wie gut sich die Systemphilosophie von Zeppelin in der Praxis bewährt, zeigt der Erfolg: Jedes Jahr bringt Zeppelin bis zu 9.000 fabrikneue und gebrauchte Baumaschinen, Motoren und Flurförderzeuge auf den Markt.

Maßgeschneidert Ausbildung und Mitarbeiterqualifikation

Die absolute Kundenorientierung ist nur durch höchste Motivation der Mitarbeiter und deren konsequente Entwicklung und Förderung möglich. Zur Sicherung des Nachwuchses, aber auch aus gesellschaftlicher Verantwortung heraus bildet Zeppelin sowohl kaufmännische als auch gewerbliche Kräfte aus. Nahezu zehn Pro-

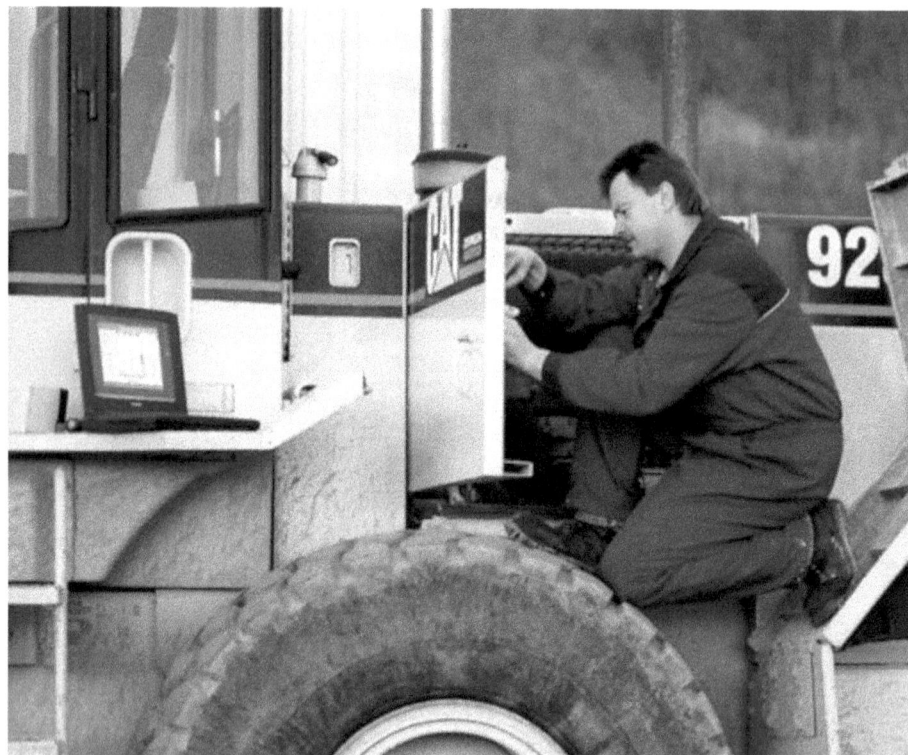

zent der Mitarbeiter sind Auszubildende. Dabei beschreitet das Unternehmen auch *Heutzutage verfügen Baumaschine über modernste Elektronik. Das Laptop samt elektronischer Diagnose-Tools, z. B. zur Wartung der Maschinen oder Früherkennung von Fehlfunktionen, ist damit ein wichtiges Werkzeug für die Servicetechniker von Zeppelin.*

in diesem Bereich neue Wege. Die maßgeschneiderte Ausbildung bei der Zeppelin Baumaschinen GmbH, der größten Tochtergesellschaft des Konzerns, könnte unter das Motto Heavy Metal und High-Tech gestellt werden. Seit 1995 werden die gewerblichen Lehrlinge in eigenen Klassen an den Berufsschulen in Hürth bei Köln sowie in Breisach, und mit speziell auf die Bedürfnisse in der Baumaschinebranche ausgerichteten Lerninhalten, zu Mechanikern für Land- und Baumaschinentechnik ausgebildet. Das Motto der Ausbildung ‚Heavy Metal und High-Tech' wird durch die moderne Baumaschine geprägt, denn die angehenden Servicetechniker müssen nicht nur schwere Mechanik, sondern auch modernste Elektronik beherrschen. Das Laptop samt elektronischer Diagnose-Tools, z. B. zur Wartung der Maschinen

oder Früherkennung von Fehlfunktionen, gehört dazu.
Und in naher Zukunft soll auch die Ferndiagnose mit Unterstützung von GPS-
Systemen zu dem Lernprogramm gehören.

Doch mit der Lehre ist noch lange nicht ausgelernt. Die hohen Ansprüche, die der
Konzern an die eigenen Produkte und Leistungen stellt, erfordern die ständige
Aus- und Weiterbildung der Mitarbeiter. Das umfassende Schulungsangebot im
Rahmen der unternehmensinternen Zeppelin-Akademie ist integrierter Bestandteil der Unternehmenskultur. Im firmeneigenen Schulungszentrum in Kaufbeuren
wird das Wissen praxisnah vermittelt. Aber auch ein branchenweit einmaliges
Multi-Media-Informationssystem ist bei Zeppelin im Einsatz. Distance Learning
heißt das Stichwort: Die Servicespezialisten von Zeppelin werden damit vor Ort an
ihren Standorten rund um die Produkte und Neuheiten geschult. Multimediale
Technik macht es möglich, denn die Lerninhalte werden via portablen Video-Kon-
ferenz-Systemen übertragen.

*Nahezu zehn Prozent der Mitarbeiter von Zeppelin sind Auszubildende. Dabei
beschreitet das Unternehmen auch in diesem Bereich neue Wege. Seit 1995 werden die gewerblichen Lehrlinge in eigenen Klassen an den Berufsschulen in Hürth
bei Köln sowie in Breisach und mit speziell auf die Bedürfnisse in der Baumaschinebranche ausgerichteten Lerninhalten, zu Mechanikern für Land- und Baumaschinentechnik ausgebildet.*

Bildnachweis: Zeppelin

Die Menschen sind sehr vielseitig - unsere **mobilen Raumlösungen** sind es auch.

Raumlösungen rund um den Bau

Büro- und Verwaltungsgebäude

Kindergärten und Schulen

Soziale Einrichtungen wie z.B. Krankenhäuser

Messen, Ausstellungen und Veranstaltungen

Die Vielseitigkeit unserer mobilen Räume bietet Ihnen die Möglichkeit, Ihre Ideen kurzfristig und kostengünstig zu verwirklichen. Vom einfachen Sanitärcontainer bis zur komplexen Krankenhaus Anlage. Auf Wunsch komplett eingerichtet und schlüsselfertig. Wir beraten Sie gern.

Rufen Sie uns an - kostenlos:
0800 - 88 444 88

GE Capital Modular Spa

www.rauminfos.de
Für weitere Informationen über Raumlösungen.

imagination at work

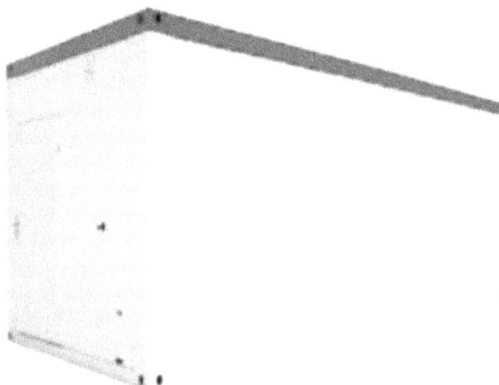

Mobile Raumsysteme

GE Capital Modular Space GmbH

Ihr kompetenter Partner für mobile Raumlösungen

Das Unternehmen
Seit mehr als einem Jahrhundert steht der Name General Electric (GE) für Qualität und Spitzentechnologie. General Electric gilt heute als wertvollstes Unternehmen der Welt. GE Capital Modular Space hat sich in Deutschland als führender Anbieter von mobilen Raumlösungen etabliert.
Mit mehr als 18.000 Raummodulen auf 12 Niederlassungen im Bundesgebiet verfügen sie über kurze Transportwege, große Kapazitäten und eine hohe Servicebereitschaft. Modular Space bietet Miet-, Kauf- und Leasing-Lösungen für alle Arten

von mobilen Raum- und Gebäudesystemen.
Zu den Hauptanwendungsbereichen zählen
• Büro- und Verwaltungsgebäude
• Messen und Veranstaltungen
• soziale Einrichtungen wie Kliniken und Altenheime
• Schulen und Kindergärten
• Raumlösungen rund um den Bau

Büro- und Verwaltungsgebäude
Gebäude werden zu klein, die Mitarbeiterzahlen steigen, neue Geschäftsbereiche entstehen, Umbauten zwingen zur zeitlich befristeten Auslagerung von Abteilungen oder Produktionsbereichen. Oft ist ein herkömmlicher Neubau nicht nur langwierig sondern zu teuer. Hier setzt Modular Space an. Innerhalb kürzester Zeit werden genau die Büro-, Verwaltungs- und Produktionseinheiten realisiert die Sie aktuell benötigen. Und dies auf Wunsch komplett ausgestattet und schlüsselfertig. Aufgestockt oder erweitert wird je nach Bedarf.

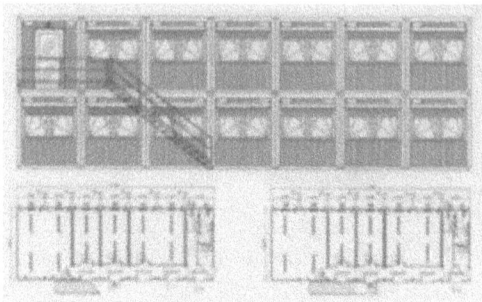

Neues Produkt: „Business Variante"
Als Höhepunkt bieten wir Ihnen in Verbindung mit der Firma Metacasa ein Angebot der besonderen Art: Eine Komplettausstattung von einzigartigen Raumeinheiten mit Multimediasystemen von Sony und hochwertigem Mobiliar von Vitra, sowie einer Gebäudeautomation von ABB. Die Finanzierung kann ebenfalls über GE erfolgen.

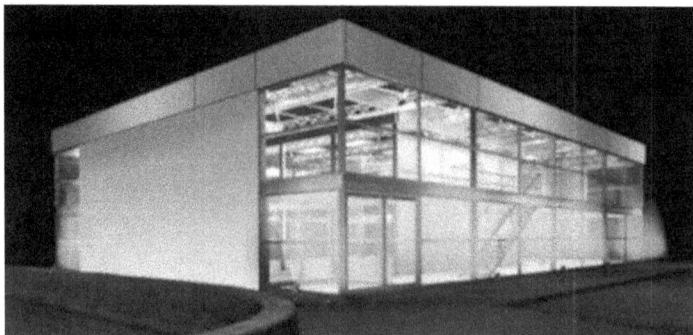

Schulen und Kindergärten
Mit dem mobilen Raumsystem von GE Capital Modular Space ist es trotz akuter Sparzwänge durchaus möglich, die Anforderungen der jungen Generationen an ein altersgerechtes Umfeld umfassend einzulösen. Ob Neubau, Ausbau oder An- bau: die Raumlösungen von GE Capital Modular Space werden schnell aufgebaut und können „kinderleicht" wieder demontiert oder komplett versetzt werden – und dies ohne jede Beeinträchtigung des Schul- oder Kindergartenbetriebs. Sta- pelbare Module sorgen dafür das auch außen genug Platz zum Spielen bleibt. Dabei sind große und helle Räume, bunte Farben, eine altersgerechte Innenaus- stattung und ein ästhetisches Äußere selbstverständlich.

Ihre Vorteile:
• Eine Atmosphäre einzigartigen Auftretens
• Wenn Sie Klientel mit hohen Erwartungen beeindrucken möchten
• Hochwertige Innenausstattung und Multimedia Technologie
• Bekannte und vertrauenswürdige Partner beteiligen sich Möglichkeiten der Busi- ness Variante

Möchten Sie Ihrer Firma oder Ihren Kunden ein neues Äußeres verschaf- fen?

Globalisierung, Europäischer Markt, zunehmend härterer Wettbewerb mit Anbie- tern aus Niedriglohnländern – wer sich in diesem schwierigen Umfeld als Unter- nehmen erfolgreich positionieren will, kann auf intelligente Marketing- und Wer- bekonzepte nicht verzichten. Innerhalb des Marketing-Mix spielen Messen, Aus- stellungen und andere Kundenveranstaltungen eine entscheidende Rolle. Gewähr- leisten Sie doch das direkte und persönliche Gespräch mit Kunden und Interessen- ten - und eine dementsprechend überzeugende Präsentation Ihrer Produkte und Dienstleistungen. In diesem sensiblen Umfeld sollten Sie keinerlei Risiko eingehen. Nutzen Sie deshalb unser profundes Know-How im Messe- und Ausstellungsbe- reich und sichern Sie Ihrem Unternehmen einen rundum professionellen Firmen- auftritt. Mit unseren mobilen Raumkonzepten bieten wir Ihnen nicht nur eine fle-

xible und wirtschaftliche Lösung, sondern vor allem einen Präsentationsmöglich-
keit, die Ihre Kunden so schnell nicht vergessen werden – und Ihre Wettbewerber
wohl auch nicht!

IFA (Internationale Funk Ausstellung) Berlin 2003

GE Modular Space, die deutsche Tochter des amerikanischen General Electric Kon-
zerns, setzt voll auf das System der kompatiblen Modulbauweise. Sie verfügt mit
zwölf Niederlassungen und ca. zwanzigtausend Mieteinheiten über eine hohe
Kapazität und ein gut positioniertes Netz von Lagerplätzen. Das bedeutet hohe
Servicebereitschaft und kurze Wege für den An- und Abtransport im Mietgeschäft.
Hier reicht das Portofolio von der Konzeption und Planung über die Realisierung
schlüsselfertiger Komplettlösungen inklusive Mobiliar, IT-Solutions, medizinischem
Equipment bis hin zu Full-Service-Paketen zu denen z.B. Finanzierung, Versiche-
rung, Wartung und Reinigung der Container gehört.

Unsere Mitarbeiter haben das Wissen und die Erfahrung um Ihnen eine Messepräsenz zu ermöglichen, die Ihrem Auftritt zu Erfolg verhilft und Sie für Ihre Kunden (und Wettbewerber) unvergesslich macht.
Wir bieten Ihnen moderne, individuelle Gebäude mit großem architektonischem Spielraum und repräsentativem Charakter.

Neues Produkt: "Business Variante"

Als Höhepunkt bieten wir Ihnen in Verbindung mit der Firma Metacasa ein Angebot der besonderen Art: Eine Komplettausstattung von einzigartigen Raumeinheiten mit Multimediasystemen von Sony und hochwertigem Mobiliar von Vitra, sowie einer Gebäudeautomation von ABB. Die Finanzierung kann ebenfalls über GE erfolgen

Ihre Vorteile:
• Eine Atmosphäre einzigartigen Auftretens
• Wenn Sie Klientel mit hohen Erwartungen beeindrucken möchten
• Hochwertige Innenausstattung und Multimedia Technologie
• Bekannte und vertrauenswürdige Partner beteiligen sich
• freie Fläche von 12 x 12 m ohne Stützen, lichte Höhe von 6 m

Sie teilen uns Ihre Wünsche mit, wir zeigen Ihnen die Lösungen auf!

hochwertiger Chiller

Besonders spezielle Anforderungen benötigen entsprechende Ideen: wir bieten unter der Kategorie "Special Products" ungewöhnliche Zusatzprodukte wie z.b. hochwertige Chiller (Kühlaggregate) die in verschiedenen Größen geliefert wurden. Zu unseren Standard Rahmen mit den Maßen 6 x 2,50 m und anderen Rahmenvorgaben haben die entsprechenden Lüftungsgitter geliefert und in Verbindung mit anderen Firmen ansprechende und leistungsstarke Geräte geliefert.

Wir würden uns freuen, wenn Sie unsere Dienstleistung ausprobieren möchten.

Flexibilität bei Auftragsspitzen mit mobilen Räumen

Wenn Kunden mit Aufträgen "drohen" und das Kontingent an Mitarbeitern aufgestockt werden muss, fehlt es zumeist an ausreichendem Platz für die neuen Arbeitskräfte. Dass der dringend benötigte Raum für Personal nahezu parallel zu neuen Aufträgen geschaffen werden kann, beweist die Solectron GmbH mit Sitz in Herrenberg. Der IT-Spezialist löste seine Platzprobleme kurzerhand mit mobilen Raumlösungen von GE Modular Space.
Die Solectron Corporation mit Sitz im US-Bundesstaat Kalifornien ist ein weltweit führender IT-Dienstleister und bietet High-Tech-Unternehmen aus dem Sektor Elektronik eine große Bandbreite an Fertigungs- und Supply-Chain-Management-Lösungen u.a. zu den Bereichen Neuprodukt-Design, Material-Management und High-Tech Produktfertigung.

Kurzfristige Lösung gesucht
Wie stark die Nachfrage nach den Produkten und Services des IT-Spezialisten ist, erfuhr die deutsche Tochter des US-amerikanischen Unternehmens, als Teile der Verwaltung der Solectron GmbH mit Sitz in Herrenberg wegen der gestiegenen Zahl an Neuaufträgen und somit einem zusätzlichen Bedarf an Produktionsfläche aus dem angestammten Gebäudekomplex ausgegliedert werden musste. Was tun, lautete die Frage. Zwei Lösungen standen zur Auswahl: Eine neue Gewerbefläche anmieten oder den momentanen Platzbedarf kurzfrstig durch mobile Raumeinheiten kompensieren.

Gegen die Anmietung einer neuen Gewerbefläche sprach der erhebliche Mehraufwand, bedingt durch den Aufbau einer neuen logistischen Anbindung zu den bisher bestehenden Firmengebäuden von Solectron. Da man die Räume sehr kurzfristig benötigte und ein Parkplatz als befestigter Untergrund bereits vorhanden war, entschloss sich schließlich die Unternehmensleitung für eine befristete Lösung in Modulbauweise. Einen gleichermaßen kompetenten und flexiblen Partner für die schnelle Realisation dieses Projektes fand Solectron schließlich in GE Modular Space.

Raum für 44 Mitarbeiter binnen 8 Wochen

Im Sommer nahm Solectron erstmals Kontakt mit dem Spezialisten für Raummodule aus Neuss am Rhein auf. Kurze Zeit später erhielt GE Modular Space den Auftrag zur Errichtung von insgesamt 22 Raummodulen für ein Großraumbüro, das rund 44 Personen Platz bieten sollte. Nur acht Wochen vergingen vom ersten Gespräch bis zur schlüsselfertigen Übergabe der Raummodule, die für einen Nutzungszeitraum von zunächst 16 bis 18 Monaten gemietet wurden.

Obwohl GE Modular Space nicht nur für die schnelle Bereitstellung und Montage von Raummodulen bekannt ist, sondern darüber hinaus auch die komplette Ausstattung der flexiblen Raumlösungen inklusive aller Medienanschlüsse und IT-Ausstattung übernimmt, griff Solectron zunächst bezüglich der Innenausstattung der Module auf die eigene IT-Struktur sowie Büroausstattung aus dem bisherigen Verwaltungsgebäude zurück.

GE Modular Space verlegte Kabelkanäle für die IT-Anbindung und stattete die Raummodule nach Kundenwunsch mit blendfreien Spiegelrasterleuchten sowie einem Teppich aus Nadelflies aus. Weiterhin installierte das Unternehmen aus Neuss zur Beheizung der Raummodule Elektrokonvektoren und für die Sommermonate Klimaanlagen, sogenannte mobile Splitgeräte. Innerhalb von zwei Wochen konnte der komplette Innenausbau fertiggestellt werden.

Flexible Anpasssung an zusätzlichen Raumbedarf

Schneller als erwartet, füllten sich bei Solectron die Auftragsbücher und weiteres Personal musste eingestellt werden. Wieder sollte möglichst kurzfristig Platz für neue Mitarbeiter geschaffen werden. Circa drei Monate nach Installation der ersten Raummodule meldete sich der IT-Spezialist aus Herrenberg erneut bei GE Modular Space. Mit weiteren 22 Einheiten wurde das bereits vorhandene ebenerdige Bürogebäude in modulbauweise um eine Etage aufgestockt. Um die Mitarbeiter von Solectron während der Arbeitszeiten nicht zu stören, erfolgte der Aufbau der zusätzlichen Raumeinheiten an einem Wochenende. Der Innenausbau mit derselben Grundausstattung wie die ersten Module konnte innerhalb einer Woche abgeschlossen werden. Nach einem Monat stand der Erweiterungsbau schlüsselfertig zur Übernahme durch Solectron bereit.

Nach rund drei Monaten hatte Solectron wiederum Bedarf an neuen Raummodulen, da aufgrund der günstigen Auftragslage weiteres Personal eingestellt werden sollte. Diesmal installierte GE Capital Modular Space 24 Raumeinheiten, die auf zwei Geschosse verteilt wurden, da der noch vorhandene Bauplatz für eine ebenerdige Montage nicht mehr genügend Platz bot. Nun verfügte Solectron über 68 Raummodule mit einer Gesamtbürofläche von 950 qm für rund 110 Mitarbeiter.

Änderungswünsche noch in der Aufbauphase berücksichtigt

Doch damit nicht genug: Im darauffolgenden Jahr war erneut abzusehen, dass Solectron Bürofläche in Produktionsfläche umwandeln und parallel die Zahl seiner Mitarbeiter aufstocken musste. Der zusätzliche Bedarf an Bürofläche betrug nun etwa 2600 qm. Diesmal erhielt GE Modular Space den Auftrag zur Installation von 169 Raummodulen, die in zwei Gebäudekomplexen, verbunden mit einem Mitteltrakt, realisiert werden sollten. Ein Bürokomplex bestand aus insgesamt 58 Einheiten und zwei Etagen, das andere Gebäude aus 111 Einheiten verteilt auf drei Geschosse.

Obwohl die Zeit für die Übergabe des neuen Bürogebäudes drängte, bewies GE Modular Space Flexibilität und berücksichtigte noch während des Aufbaus der Einheiten Änderungswünsche seitens Solectron am Layout des Komplexes. Fristgerecht konnte der Spezialist für mobile Raumlösungen in gehobener Ausstattung die neue Büroanlage schlüsselfertig an Solectron übergeben. Zur Lieferung gehörte auch ein Servicevertrag über alle von GE Modular Space gelieferten Komponenten der Raumlösungen.

Wirtschaftliche und flexible Lösung ohne Kapitalbindung
Wie wirtschaftlich hochwertige Mietlösungen für Unternehmen wie Solectron sind, belegt nicht nur die schnelle Bereitstellung der mobilen Räume, die nahezu parallel zum tatsächlichen Platzbedarf erfolgen kann, sondern auch die hohe Flexibilität im Hinblick auf die Mietdauer der Raummodule. So reduzierte Solectron die ursprünglich auf 24 Monate festgelete Mietzeit für den zuletzt installierten Bürokomplex auf 14 Monate, da man mittlerweile vom Mutterunternehmen aus den USA die Genehmigung für den Bau eines Bürokomplexes in Festbauweise erhalten hatte.

Mit dem Partner GE Modular Space konnte die Solectron GmbH kurzfristig auf eine gestiegene Produktnachfrage reagieren und ihren Raumbedarf innerhalb kürzester Zeit durch die Anmietung von Raummodulen dem gestiegenen Auftragsvolumen anpassen – und das ohne langfristige Kapitalbindung.

GE Capital Modular Space GmbH
Welserstr. 3
41468 Neuss

0800 / 88 444 88
www.rauminfos.de
rauminfos@ge.com

Wie am ersten Tag – Tag für Tag.

Vorbeugender Oberflächenschutz für Fassade, Hof und Wege.

PSS 20 Graffitischutz und *faceal oleo* Imprägnierung. Damit auch Ihre Bauten wirken wie am ersten Tag.

Die reversiblen Opferschutzsysteme sorgen für eine leichte Objektpflege und schützen Bauten Tag für Tag vor Graffiti-Attacken und Verschmutzungen.

Graffiti-Schutz

PSS 20 ist der Oberflächenschutz gegen Graffiti und Luftverschmutzungen – hergestellt aus pflanzlichen Polysacchariden und Wasser. PSS 20 ist absolut unbedenklich für Mensch, Tier und die Umwelt.

- reversibel
- pflanzlich
- wirtschaftlich

PSS 20 kann sowohl auf mineralischen als auch auf Bauelementen aus Metall und Kunststoff eingesetzt werden.

Mit PSS 20 ergeben sich keine optischen Veränderungen. PSS 20 hat sich bereits auf über 5 Millionen Quadratmetern bewährt.

Oberflächen-Imprägnierung

Die öl- und wasserabstoßende Imprägnierung *faceal oleo* haftet an den Wänden der Poren und Kapillare aufgrund unterschiedlicher Polarität. Das Ergebnis: eine oleophobe und hydrophobe Wirkung.

- nachhaltig
- kostensparend
- präventiv

facel oleo ist der Problemlöser für viele Böden, Treppen, Wege und Fassaden. Kaugummis, Fettflecken, Urin, etc. lassen sich rückstandslos entfernen.

Ihr zusätzlicher Vorteil: einfache Eisreinigung im Winter und Oberflächenschutz gegen Frosttausalz.

PSS INTERSERVICE GMBH

Thyssenstrasse 7-17 · 13407 Berlin
Tel.: (0 30) 41 40 89-0 · Fax: (0 30) 41 40 89-79

Weierstraße 4 · 53721 Siegburg
Tel.: (0 22 41) 97 62 94 · Fax: (0 22 41) 97 62 93

WORKING WITH NATURE

e-mail: zentrale@pss-technology.de · Internet: http://www.pss20.de

Oberflächenreinigung /Graffitischutz

PSS Interservice GmbH

Schutz, Pflege und Werterhalt für Bauten – nachhaltige Lösungen mit einmaligen Technologien

Wichtige Ziele von Liegenschaften, Hauseigentümern und Gebäudemanagern sind ein sauberes Erscheinungsbild sowie der Substanz- und Werterhalt von Bauten. Hier bietet die PSS Interservice-Gruppe mit der Anwendung spezieller Technologien Lösungen für den vorbeugenden Schutz gegen Graffiti und Farbschmiereien sowie gegen öl-, fett und wasserbasierte Verschmutzungen. Außerdem schützen die PSS Technologien die Oberfläche von Bauten vor Verschmutzungen aus der Luft und bei Algenbildung.

Die Polysaccharid-Technologie – gerade für denkmalgeschützte Bauwerke

Gilt es Gebäude und Bauwerke im Denkmalbereich gegen Graffiti oder Verschmutzungen aus der Umwelt zu schützen, so geht meist der Wunsch nach der Reversibilität des Schutzsystems und der augenoptischen Unversehrtheit der Fassadenoberfläche einher. Sind dies vertikale Flächen, die beispielsweise aus Natur- und Kunststein, Beton oder nicht saugenden Untergründen sind, eignet sich das Opferschichtsystem PSS 20 auf pflanzlicher Basis aus dem Hause PSS Interservice hervorragend. Die Grundlage des Systems ist die Polysaccharid-Technologie. Der Graffiti- und Oberflächenschutz PSS 20 bildet mit ca. 30 my einen hauchdünnen Film auf der Oberfläche. Das sogenannte Opferschichtsystem (temporäres System) wird bei der Graffitientfernung mittels heißem Wasser mitsamt dem Graffiti entfernt. Auf den noch feuchten Untergrund wird PSS 20 zum vorbeugenden Schutz auf ein Neues appliziert. Heute sind in Europa mehr als fünf Millionen Quadratmeter damit geschützt. PSS 20 hat sich an vielen renommierten Bauwerken bewährt, wie beispielsweise dem Brandenburger Tor in Berlin, der Paulskirche in Frankfurt und dem Assemblée Nationale in Paris.

Oberflächenschutz auf pflanzlicher Basis
Polysaccharide sind in der Natur sehr verbreitet. Sie dienen als Aufbaustoffe von Pflanzenzellen (Zellulose) und Energiereserven (Stärke). Polysaccharide können auch ganz spezielle Funktionen erfüllen. So können sie z.B. als Schutzbezüge

gegen Bakterien fungieren. Polysaccharide sind chemisch inaktiv, ungiftig und verursachen keine Allergien.

Nano-Technologie – nahezu perfekter Schutz im millionstel Millimeterbereich

Einen regelrechten Quantensprung in der Fassaden-Imprägnierung gelang durch die Erschließung neuer Technologiefelder im Nanometerbereich. Es gelang, mit dem Aktiv-Molekül faceal oleo HD eine einzigartige Struktur mit nahezu perfekter Funktion für den Oberflächenschutz zu schaffen. Die Rede ist von Molekülen im Bereich von einem millionstel Millimeter. Tausende und Abertausende Moleküle sorgen Millimeter für Millimeter bzw. Pore für Pore für einen langfristigen Oberflächen- und Graffitischutz auf porösen, mineralischen Untergründen. Mit faceal oleo HD ist es zum erstenmal gelungen, die Architektur nanoskaliger (winzigster)

Strukturen für neue makroskopische Funktionen zu verändern. Das Besondere ist, die Moleküle schützen nicht nur den Untergrund, sondern auch ihre eigene Struktur und damit ihre dauerhafte Existenz. Der Grund dafür sind die sich selbst organisierenden Moleküle, die eine identische Ausrichtung einnehmen. So entsteht ein Graffiti- und Oberflächenschutz für poröse Baumaterialien, der langfristig voll funktionsfähig ist. Die faceal oleo HD Moleküle sind so winzig, dass sie die Wasserdampfdiffusion des Untergrundes nicht beeinflussen. Die Langzeit-Imprägnierung bildet keinen Film, verändert deshalb auch nicht das Aussehen eines Natursteins und hat keine Haftungsprobleme. Außerdem wird der Oberflächenschutz durch Abrieb nicht zerstört, da sich nur winzigste Moleküle in den Poren und Kapillaren andocken. Diese werden durch mechanische Belastung nicht erreicht. Die Reinigung geschützter Oberflächen ist einfach, schnell und damit zu reduzierten Kosten durchführbar.

Der Effekt der Oberflächenspannung und multifunktionaler Molekülketten

Man kann sich beispielsweise fragen, wie die absolute Sauberkeit chirurgischer Instrumente gewährleistet wird. Geht man der Sache auf den Grund, so zeigt sich, hier wird die Wirkungsweise der Oberflächenspannung genutzt. Die Oberfläche wird so modifiziert, dass deren Spannung stets tiefer als die einer möglichen verschmutzenden Flüssigkeit ist. Der Effekt ist, die Flüssigkeit wird abgestoßen. Denn sie kann die Oberfläche nicht benetzen und die Gegenstände können leichter sauber gehalten werden. Die Herstellung der sich selbst ausrichtenden Monoschich-

ten ist ein sehr komplexer Prozess. faceal oleo HD erreicht den selben Effekt. Die Imprägnierung erzeugt eine Oberflächenspannung unter 10mN/m, sprich zweimal kleiner als die einer "non-stick"-Bratpfanne.

Sichtbetonlasur – Betonkosmetik, Feuchtigkeits- und Anti-Graffiti-Schutz in Einem
Sichtbetonflächen an Bauwerken erfüllen für Planer und Bauherren sowohl gestalterische als auch funktionale Aufgaben. Speziell für die Gestaltung und den Oberflächenschutz von Sichtbeton führte die PSS Interservice GmbH im Herbst

2003 mit der Betonlasur faceal colour eine bis dato einzigartige Produktinnovation auf dem deutschen Markt ein. faceal colour erfüllt mit nur einem Produktsystem sowohl die Erfordernisse der Betonkosmetik als auch die des Feuchtigkeitsschutzes. Und darüber hinaus leistet faceal colour einen guten Schutz gegen Graffitischmierereien. Denn diese lassen sich auf den behandelten Oberflächen leicht entfernen – ganz im Sinne des Werterhalts von Bauten.

Sichtbetonschutz – oleophob und hydrophob zugleich

Die neue Betonlasur faceal colour hat den ersten Objekteinsatz mit Bravour bestanden: das Marie-Elisabeth-Lüders-Haus in Berlin. In 5-jähriger Bauzeit entstand ein individueller Baukörper aus Beton. Insgesamt wurden 35.000 Kubikmeter Beton verbaut. Markante Konstruktionsmerkmale definieren das Erscheinungsbild des Abgeordnetenhauses, so zum Beispiel der Brückenschlag über die Spree, die kammförmige Grundstruktur und die ausladenden Vordächer.

Das Ziel war es, für die großflächigen und zum Teil freistehenden Sichtbetonflächen sowohl unter dem Aspekt des Oberflächenschutzes als auch dem der homogenen Gestaltung eine optimale Lösung zu finden. Die neue Produktenwicklung faceal colour erfüllt mit nur einem Produkt beide Aufgabenstellungen: zum einen kann die Lasur zum Zwecke der Gestaltung in vielen gängigen Farbtönen eingestellt werden, zum anderen verfügt sie über einen oleophoben und hydrophoben Oberflächenschutz. Die moderne Produktentwicklung und die bauseits handwerkliche Verarbeitung durch versierte Spezialisten verschafft den Sichtbetonflächen ein adäquates Oberflächenbild, das den Charakter von Beton erhält, bzw. gerade durch sein homogenes Oberflächenbild positiv unterstützt. Dazu kann die Lasur faceal colour mit einem Pigmentanteil von 5 bis 15 Prozent ganz nach Kundenwunsch in verschiedenen Deckungsgraden eingestellt werden. So entsteht für den Passanten das typische Sichtbeton-Erscheinungsbild im "Original-Grau-Ton". Unterschiedliche Chargen der Betonarbeiten sind nicht mehr so zu erkennen. Außerdem kann die Betonlasur faceal colour in vielen gängigen Fassadenfarbtönen abgemischt und damit der Charakter eines jeden Gebäudes mit einer individuellen farblichen Gestaltung ausgelobt werden.

Auf der Basis funktional erweiterter Acryl-Copolymere

In der Weiterentwicklung der faceal-Technologie ist es gelungen, Pigmente in das Produkt mit einem Anteil von 5 bis 15 Prozent zu integrieren. Durch funktional erweiterte, fluorierte Acryl-Coplymere konnten die positiven Produkteigenschaften der faceal-Technologie mit vielen farbigen Varianten kombiniert werden, so dass alle gängigen Farbtöne zur Verfügung stehen.

Subito – die praktische Lösung für Hausbesitzer, Verwalter und Gewerbetreibende
Besonders ärgerlich ist es, wenn gestrichene Putzfassaden von Graffiti-Attacken heimgesucht werden. Die Farbe lässt sich in der Regel nicht mehr rückstandslos entfernen und ein häufiges Überstreichen kann zu abblätternden Fassaden führen. Oftmals prägen regelrechte Bauchbinden, die durch immer neue Graffiti, nachge-

mischte Reparaturanstriche und "speckig"-glänzende Graffitiabwehranstriche ver-ursacht werden, das Straßenbild. Mit dem reversiblen Graffitischutzsystem PSS Subito wird eine professionelle Lösung aufgebaut. Das Ziel ist die psychologische Abwehrstrategie, sprich das Graffiti schnell zu beseitigen, um die Flächen für Sprayer uninteressant zu machen. Dazu wird ein präventiver Anstrich angelegt. PSS Subito ist keine herkömmliche Fassadenfarbe, sondern eine Antigraffiti-Farbe mit besonders hoher Deckkraft. Dadurch wird sichergestellt, dass Graffiti nach dem Überstreichen nicht mehr durchschlagen können. PSS Subito kann entweder vor-beugend in zwei Schichten auf die Fassade als Graffitischutz aufgebracht werden oder zum Überstreichen von bestehenden Graffiti eingesetzt werden. In beiden Fällen können anschließend neue Graffitianschläge einfach mit demselben Farb-ton überstrichen werden. Der Vorteil: nun kann der Hausbesitzer, Verwalter oder Gewerbetreibende die Graffiti selbst schnell und problemlos zum Verschwinden bringen. Mit PSS Subito wird von Grund auf ein reversibles Graffiti-Schutz-System angelegt. Der Erstanstrich im Fassadenfarbton bildet dazu die Basis. Denn auch nach mehreren Schichten Graffiti und PSS Subito Deckanstrichen kann die Anti-graffitifarbe mitsamt den Graffiti entfernt werden. Dazu werden die Flächen ein-fach gut vorgenässt und die Schichten mit Wasser und Bürste oder mit heißem Wasser unter Druck entfernt. Außerdem: der vorbeugende Graffitischutz PSS Sub-ito wird für längere Standzeiten, sprich einer noch besseren Witterungsbeständig-keit imprägniert.

Die Antigraffiti-Farbe mit gesteuertem Quellverhalten
Das gesteuerte Quellverhalten von Farben ist in der Denkmalpflege im Rahmen von Renovierungsarbeiten für die Abdeckung und Freilegung wertvoller Gemälde entwickelt worden. Mit der Weiterentwicklung für die Fassade entstand das Graf-fitischutzsystem Subito. Aufgrund dieser Technologie beginnt nach intensivem Benetzen mit Wasser und einer Wartezeit von circa zehn Minuten die Antigraffiti-Farbe zu "quellen". Mit warmen Wasser und Druck kann die Anti-Graffiti-Farbe dann mitsamt der Graffiti entfernt werden.

Dauerhafte Lösungen mit einmaligen Technologien für sämtliche Unter-gründe
Einmalige Technologien bieten heute für sämtliche Untergründe an Bauten scho-nenden und dauerhaften Oberflächenschutz. "Wir schaffen nachhaltige Lösungen für den Schutz, die Pflege und den Werterhalt von Bauten. Es ist unser erklärtes Ziel, unseren Kunden nur hochwertige Produkte – auf Basis einmaliger Technolo-gien – und eine erstklassige Verarbeitung zu bieten. Außerdem gehören dazu auch eine kompetente Beratung, eine gewissenhafte technische Dokumentation und eine langfristige Betreuung geschützter Objekte. Und das Ganze natürlich mit Pro-

dukten, die sich durch eine besonders hohe Umwelt-verträglichkeit auszeichnen –
gemäß unserem Motto 'working with nature'," so Stephan Wagener, Geschäfts-
führer PSS Interservice GmbH.

Walldorf, den 19. Oktober 2004 - FB

PSS Interservice GmbH,
Thyssenstr. 7-17,
13407 Berlin

Pressekontakt:
insevia GmbH
Hauptstraße 41
69190 Walldorf/Baden
Tel (06227) 89 09 18
Fax (06227) 89 09 20
info@insevia.de

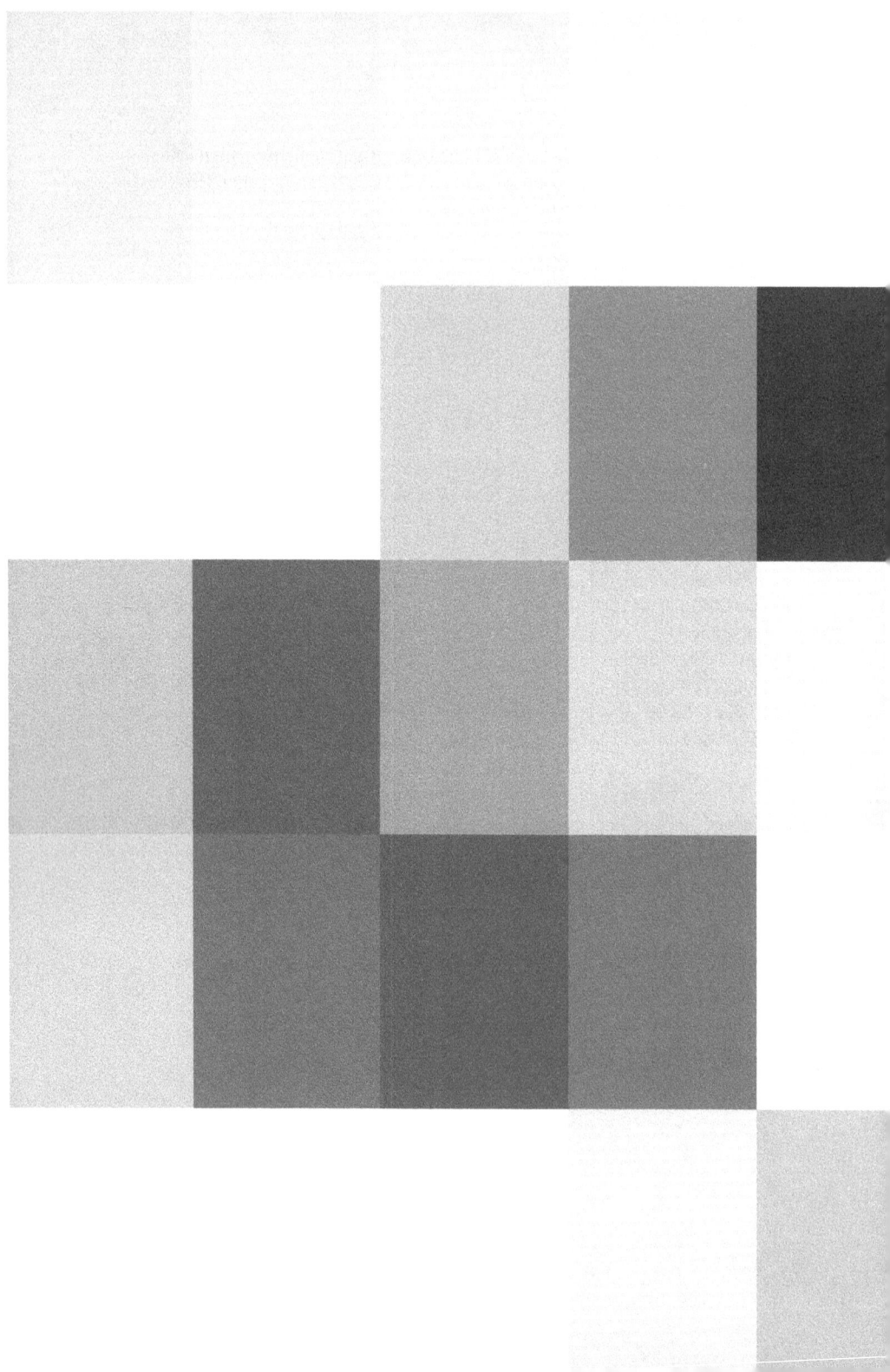

Oberflächenreinigung /Graffitischutz

EAG efinger & albani GmbH

Wasser, Korrosion, Verschmutzung und Graffiti – Gebäude haben viele Feinde.

Werterhaltung durch Bautenschutz

Korrosion – Das Hauptproblem von Stahlbeton

Gebäude aus Stahlbeton wie Häuser, Brücken oder Parkgaragen bedeuten große Investitionen für den Privatmann und die öffentliche Hand. Im Laufe der Zeit führen Korrosion und Rost jedoch zu einer Schwächung dieser Konstruktionen.

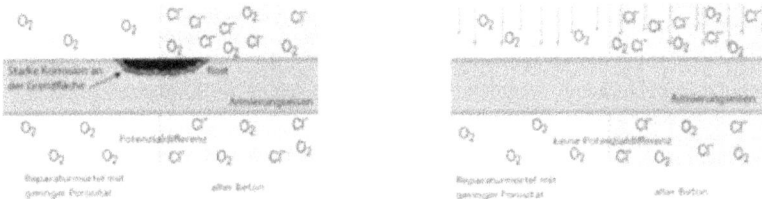

Wirksamkeit von Protectosil® CIT bei hoher Betonfeuchte mittels Korrosionsstrommessung

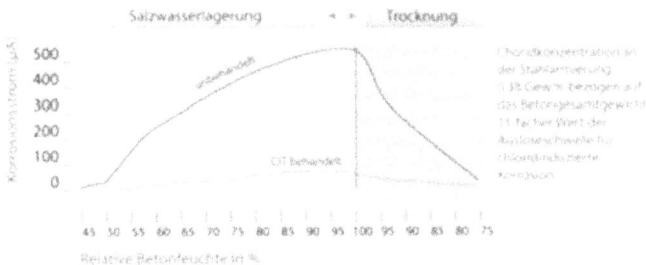

Besonders gefährdet sind Gebäude, die einer hohen Chloridbelastung ausgesetzt sind, wie es z. B. in der Nähe des Meeres oder an Orten, wo Tausalze verwendet werden, der Fall ist. Normalerweise ist Stahl in Beton durch die so genannte Passivschicht vor Korrosion geschützt. Diese bildet sich auf der Stahloberfläche aufgrund des hohen pH-Wertes der Betonmatrix. Die Passivschicht wird durch einen zu niedrigen pH-Wert beschädigt, der z. B. durch das Eindringen von Chloridionen durch Tausalze verursacht wird. Wenn die Passivschicht angegriffen ist, können Wasser und Sauerstoff ungehindert auf den Stahl einwirken und ihr Zerstörungswerk beginnen.

"Nach 3 Jahren Freibewitterung"

Die einzige Möglichkeit, gegen Korrosion und eine damit verbundene Schwächung der Konstruktion anzukämpfen, sind kostenintensive Instandsetzungsmaßnahmen. Eine Alternative hierzu bietet das Schutzsystem Protectosil® CIT. Die Behandlung mit diesem Mittel reduziert bereits aktive Korrosion, schützt die Bausubstanz vor dem Eindringen von schädlichen Chloriden und ermöglicht sogar eine "Reparatur" der geschädigten Passivschicht. Bei Protectosil® CIT handelt es sich nicht um eine gasdichte Beschichtung der Oberfläche, sondern um eine Imprägnierung der Bausubstanz. Anders als bei vielen am Markt befindlichen Schutzprodukten bleibt die Wasserdampfdurchlässigkeit eines Gebäudes durch die Behandlung mit Protectosil® CIT erhalten. Polymere Bautenschutzmittel blockieren wegen der Größe ihrer Moleküle die Substratporen. Wasser und Schadstoffe können so zwar nicht eindringen, aber Wasserdampf kann auch nicht von innen entweichen. Dadurch können weitere Schäden entstehen. Prozesse der Nanotechnologie machen es möglich, dass die Silan-Moleküle von Protectosil® CIT klein genug sind, um in die Poren des Baustoffs einzudringen. Dort verbinden sie sich chemisch mit dem Baustoff, wodurch jede Pore hydrophob ausgestattet wird. Das Eindringen von Wasser in den Baustoff wird unterbunden, während Wasserdampf weiterhin von innen nach außen entweichen kann. Das Bauwerk kann "atmen".

Protectosil® CIT setzt zweifach an: Es hydrophobiert die Betonmatrix, so dass der Beton trocken bleibt, was zu einer Verringerung der Korrosion führt, da ja zum Korrosionsprozess immer Wasser und Sauerstoff benötigt werden. Darüber hinaus wird die Aufnahme von in Wasser gelösten Chloriden, die die Passivschicht des Stahls angreifen, reduziert.

Die Schutzwirkung lässt sich durch Messung der Korrosionsströme eindeutig nachweisen. In vielen Fällen ist eine Reduzierung der Korrosionsströme um mehr als 90% beobachtet worden.
Die Anwendung des Produktes ist äußerst einfach. Sie erfolgt im Sprühverfahren auf der Betonoberfläche – eine Freilegung der Stahlarmierung ist nicht notwendig. Meistens reicht eine Applikation aus, um einen Schutz über viele Jahre zu erzielen. Dieser Korrosionsschutz ist nicht nur für Reparaturen geeignet, sondern er kann auch präventiv an Neubauten eingesetzt werden, um Korrosionsschäden von vornherein zu verhindern.

Verschmutzte Fassaden: mehr als eine Frage der Ästhetik

Bauten sind aber nicht nur durch Korrosion von innen gefährdet - vielfach drohen die Schädigungen von außen, vor allem durch Verschmutzung unterschiedlichster Herkunft, Wasserablaufspuren, Moos, Algen oder Abgase. Sie beeinträchtigen das Aussehen der Gebäude, greifen die Bausubstanz an und verringern den Wert der Immobilie. Reinigungsarbeiten sind aufwändig und kostspielig. Eine neuartige Abhilfe verspricht die Imprägnierung mit einem Produkt der Nanotechnologie, Protectosil® SC Concentrate. Die Behandlung mit diesem Produkt verhindert die Haftung von Schmutz auf der Oberfläche.

Die Wirkung (der so genannte Easy-to-Clean-Effekt) ist deutlich: Eine unbehandelte Oberfläche verschmutzt viel schneller und stärker als eine mit Protectosil® SC Concentrate behandelte, auch ohne jede erfolgte Reinigung. Die Imprägnierung macht eine wirksame, schnelle und schonende Reinigung des Gebäudes erst möglich. In den meisten Fällen brauchen keine chemischen Reiniger eingesetzt zu werden, es genügt ein Wasserstrahl.

"Unbehandelt und nicht gereinigt"

"Behandelt mit Protectosil® SC Concentrate und nicht gereinigt"

Besonders bei fein strukturiertem Sichtbeton ist dies ein großer Vorteil, denn dieses Material neigt besonders zur Verschmutzung und ist schwierig zu reinigen, da bei herkömmlichen Methoden oft die Oberflächenstruktur beschädigt wird. Ein weiterer Vorteil der neuen Imprägnierungsmethode ist, dass der Schutz bereits werkseitig aufgebracht werden kann oder direkt nach dem Einbau vor Ort.

Die Imprägnierung mit Protectosil® SC Concentrate kann bei allen mineralischen Untergründen erfolgen. Das sind vor allem alle Beton und Natursteine, aber auch viele hochglanzpolierte Oberflächen wie Fliesen sind geeignet für das Anbringen dieses langfristigen Verschmutzungsschutzes.

Bei Stahlbeton wird eine optimale Schutzwirkung durch die kombinierte Verwendung von Korrosionsschutz und Verschmutzungsschutz erzielt.

Graffitischutz: Der Ärger der Schmierfinken

Für einige ist es Kunst, für die meisten allerdings ein Ärgernis und noch problematischer als Verschmutzung durch Faktoren wie Umwelt oder Straßenverkehr: Graffiti-Schmierereien verschandeln in zunehmendem Maße die verschiedensten Oberflächen unserer Städte: Häuser, Wände, Brücken u. a. Das Problem ist nur in den Griff zu bekommen, wenn die Sprayer nachhaltig entmutigt werden, ihre "Arbeit" zu wiederholen. Wenn eine Fassade nach herkömmlichen Methoden gereinigt wird, so ist eine neue Beschmutzung mit Graffiti fast schon vorprogrammiert. Hier setzt das Protectosil® Prinzip ein: Nach der Behandlung einer Oberflä-

East Side Gallery, Berlin

che mit dem Produkt Protectosil® Antigraffiti haften Farben oder Lacke nicht mehr richtig, sie ziehen sich zusammen, perlen eventuell sogar ab – ein zufriedenstellendes Ergebnis kann der Sprayer jedenfalls nicht mehr ohne weiteres erzielen. Und sein "Werk" lässt sich einfach und problemlos beseitigen, ohne Rückstände und ohne die Einbeziehung von Fachpersonal.

Bislang galten die Anforderungen an ein permanentes Graffitischutzsystem als unvereinbar: Es muss die Oberfläche dauerhaft und sicher schützen, muss dabei zahlreiche Reinigungsvorgänge überstehen, ohne in der Wirkung nachzulassen. Dabei darf es die Wasserdampfdiffusionsfähigkeit des Substrates nicht wesentlich beeinträchtigen.

Darüber hinaus soll es auch nicht sicht- oder fühlbar sein, damit sich eine behandelte Oberfläche von einer unbehandelten nicht unterscheidet – ein wichtiger Aspekt für Fassaden oder Mauern, bei denen ein Graffitischutz nicht in der ganzen Höhe oder der ganzen Fläche aufgetragen werden soll.

Protectosil® Antigraffiti bietet die Lösung. Es vereinbart alle genannten Eigenschaften. Sein Erfolgsgeheimnis liegt in seiner Herkunft aus der Nanotechnologie. Die monomeren Silan-Moleküle bilden keinen Film auf der Oberfläche, sondern sie imprägnieren die Poren der Oberfläche und statten sie hydro- und oleophob aus. Dies führt zu dem Effekt der schlechten Haftung von Sprühfarben, egal ob sie wasser- oder lösemittelbasierend sind. Die Wirkung hält auch nach zahlreichen Reinigungsvorgängen vor. Dabei bleibt die "Atmungsfähigkeit" der Fassade unangetastet. Die Wasserdampfdiffusionsfähigkeit des Bausubstrates erhöht sich durch das Auftragen von Protectosil® Antigraffiti nur um den minimalen sd-Wert von 0,003 m, d.h. dass die Wasserdampfpermeabilität lediglich so viel geringer wird, als ob eine Luftschicht von 3 mm Stärke zu durchdringen wäre. So ist die Erhaltung des Gebäudeklimas gesichert, die Bausubstanz erleidet keine Schäden und die ursprüngliche Oberflächenstruktur bleibt erhalten.

Das Produkt kann auf allen mineralischen Untergründen, d. h. Stein und Beton, aufgetragen werden. Ein mineralischer Untergrund zeichnet sich durch seinen Siliziumgehalt aus - und es ist das Silizium, das für die Bindung des Produktes an der Oberfläche des Baustoffes entscheidend ist. Protectosil® Antigraffiti ist lösemittel-

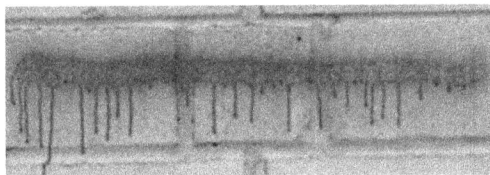

frei, umweltneutral und gesundheitlich unbedenklich. Das Auftragen der Imprägnierung erfolgt mittels HVLP-Sprühtechnik.

Ein langfristiger Schutz gegen Graffiti lässt sich allerdings auch auf andere Art und Weise erzielen, durch die Beschichtung mit einem Speziallack, der je nach Wunsch des Anwenders farblos matt bzw. glänzend sein kann oder auch als Farblack in zahlreichen Farbschattierungen angeboten wird.
Der Vorteil der Beschichtung mit dem Graffinet® Lack besteht darin, dass er sich für sehr viele, auch nicht mineralische Untergründe eignet, so z. B. für Beton, nicht imprägniertes Holz, Putze, gestrichene und lackierte Untergründe sowie Wärmedämmsysteme. Bei einer Anwendung auf einem Altanstrich muss allerdings vorab ein Haftungstest durchgeführt werden. Die Schutzwirkung des Lacks ist imponierend: Je nach Untergrund und verwendetem Produkt können 40 bis 100 Reinigungsvorgänge durchgeführt werden, ohne dass der Schutzlack neu aufgetragen werden muss. Außerdem ist der Graffinet® Lack sehr witterungs- und UV-beständig: Tests haben gezeigt, dass über sechs Jahre auch unter extremen Klimaverhältnissen, wie sie z. B. in Florida herrschen, keine Verfärbung erfolgt. Auch viele Arten von "Angriffen" chemischer Substanzen aus der Umwelt übersteht der Lack unbe-

schadet.

Auf mit dem Graffineti® Lack geschützten Flächen lassen sich Graffiti leicht und rückstandslos mit speziellen Reinigern entfernen. Die Bausubstanz bleibt atmungsaktiv mit sd-Werten zwischen 0,09 und 0,19 m. Die Lacke sind ISO 9002 zertifiziert und zugelassen für RAL-GZ 841/12.

Die erwähnten Bautenschutz-Produkte sind erhältlich bei EAG efinger & albani GmbH, Ringstraße 4, D-30457 Hannover, Tel. 49 (0) 511/43 83 360, Fax 49 (0) 511/43 83 361. Protectosil® ist eine Marke der Firma Degussa AG. Die Bautenschutzprodukte dieser Linie werden für Deutschland exklusiv über EAG vertrieben.

F A L C O

A U S S E N

M O B I L I A R

A U S W A H L

0 4 0 5

falco ®

FÜR EINE OPTIMALE FREIRAUMGESTALTUNG

FALCO GMBH · WALDSTR. 39 · D-57258 FREUDENBERG
T 02734-433777 F 02734-433778 E info@falcogmbh.de I www.falcogmbh.de

Stadtgestaltung / Stadtmobiliar

Falco GmbH

Neue Produkte

FALCOWING (1)
Ein Hochflieger aus dem Parkmobiliarprogramm. Bank mit 10 mm dicker Zentral-
stütze, Lang 1950 mm, Sitzhöhe 470 mm.

BRUNÉ (2)
Klare Linien, keine Schnörkel - einfach sachlich und funktional. Die Hartholzboh-
len haben ein Maß von 14 x 6 cm, die Baulänge der Bank beträgt 166 cm.

FALCOTRIPLE (3)
Futuristisch und zweckdienlich Picknick-Plätze zu gestalten, war die Hauptidee
dieser neuen Falco-Serie, bestehend aus Bank mit Rückenlehne, Bank ohne Rük-
kenlehne sowie einem entsprechenden Tisch. Die Seitenteile bestehen aus (per
Laser) geschnittenen Flachstahlelementen in einer Stärke von 8 mm und die Auf-
lagen aus Stahlgittergewebe 76 x 15 mm/Raster.

FALCOWING	
Artikel-Nr.	**Beschreibung**
31.060.121	Bank mit FSC Hartholz
31.060.123	Bank mit Hartholz

BRUNÉ	
Artikel-Nr.	**Beschreibung**
31.055.123	Parkbank mit Bankstützen, Sitz mit 3 Hartholzbohlen. Sitztiefe 42 cm, freistehende Aufstellung mit Stützen-Verschlusskappe
31.055.700	Mehrpreis pulverbeschichtet

FALCORELAX	
Artikel-Nr.	**Beschreibung**
31.500.023	Einseitige Bank mit Lehne
31.502.023	Einseitige Bank ohne Lehne
31.506.023	Doppelseitige Bank mit Lehne

FALCOTRIPLE	
Artikel-Nr.	**Beschreibung**
36.400.008	Bank mit Lehne
36.402.008	Bank ohne Lehne
36.404.008	Tisch

FALCORELAX (4)

Sitzbank "Lattenbank" körpergerecht geformt, mit Hartholzbelattung und Flachstahlrahmen. Eine schlichte jedoch elegante Bauform in drei ergonomisch gestalteten Bankauflagen aus Hartholz dient zum Ausruhen und Entspannen. Banklänge über alles 2061 mm, Sitzlänge 1880 mm, Höhe 938 mm, Sitzhöhe 680 mm.

FALCOSLIM (1)

Ein ganz neues Fahrradparksystem, bei dem das Vorderrad geschont wird, denn das Fahrrad wird an der Lenkstange in diesem neuen System eingehangen. Also ein absolut felgenschonendes Fahrradparksystem. Durch hoch- niedrig Anordnung der Einhängevorrichtungen erhalten Sie hiermit ein platzsparendes Abstellsystem. Den Zwischenabstand der jeweiligen Aufhängung können Sie frei wählen, da diese verschiebbar sind und erst nach Ihrer Abstands-Wahl mit einer Schraube an der Horizontal-Traverse festfixiert werden. Die Horizontal-Traverse des "FalcoSlim" besteht aus Stahlrohr- Profil von 60 x 60 mm und ist in Längen bis maximal 300 cm lieferbar. Die Stützen weisen ein Profil von 100 x 50 mm auf. Die angeschweiß-

ten Fußplatten haben die Größe 200 x 100 mm und sind mit 2 Löchern zur Boden-verdübelung ausgerüstet. Die Stahlteile sind feuerverzinkt und können auf Wunsch in fast jeder RAL-Farbe pulverbeschichtet werden.

POLLER STAND-UP (2)

Ein ganz besonderes Design: Hartholz kombiniert mit Stahl, edel und funktional. Durch die runde Kopfabschlussform wirkt dieser neue Pfahl besonders anspre-chend, da die sonst rein rechteckige Form hierdurch gebrochen und aufgelockert wird. Ortsfest, Höhe über Flur 912 mm, mit Ankerteil 200 mm zum Einbetonieren.

FALCOSLIM	
Artikel-Nr.	**Beschreibung**
00.500.000	Endstütze mit angeschweißter Fußplatte auf O.K. Fertigboden
00.500.700	Mehrpreis Pulverbeschichtung
00.501.000	Zwischenstütze für "FalcoSlim"
00.501.700	Mehrpreis Pulverbeschichtung
00.505.000	Traverse für "FalcoSlim", Länge 300 cm
00.505.700	Mehrpreis Pulverbeschichtung
00.509.000	Einhängevorrichtung für "FalcoSlim"
00.509.700	Mehrpreis Pulverbeschichtung

POLLER STAND-UP	
Artikel-Nr.	**Beschreibung**
02.290.000	Poller 80 x 80 mm, Ankerteil
02.290.060	Poller 80 x 80 mm, Fußplatte

Wissenswertes

FALCO GMBH

Seit 53 Jahren entwickelt und vermarktet Falco Qualitätsprodukte für den Radverkehr und für die Gestaltung von Außenanlagen. Dabei wurde im Laufe der Zeit eine reichhaltige Produkt-Palette geschaffen. Die Falco-Produkte werden in den meisten westeuropäischen Ländern durch entsprechende Vertretungen den Interessenten direkt angeboten.

QUALITÄT

Die Produkte von Falco entsprechen, dank der ständigen Qualitätskontrolle, den höchsten Qualitätsanforderungen, nach neuestem Stand der Technik. Verbesserungsvorschläge nehmen wir natürlich gerne von Ihnen an.

ANGEBOT / PREISE

Gerne unterbreiten wir Ihnen - auf Anforderung - das für Ihr Bauvorhaben gewünschte Angebot unter Nennung aller für Sie wesentlichen Konditionen - rufen Sie uns an.

FRAGEN

Per Telephon:	02734 - 433777
Per Fax:	02734 - 433778
Per E-mail:	info@falcogmbh.de
Per Internet:	www.falcogmbh.de

Sie wünschen nähere Informationen: gerne übersenden wir ihnen kostenfrei das umfangreiche Falco-Planungsbuch.

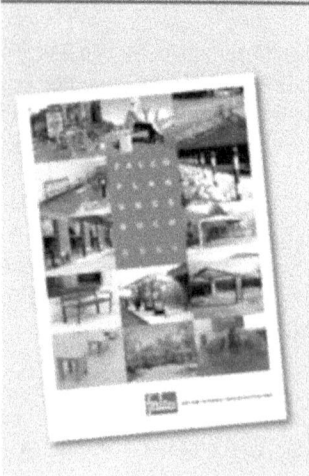

Renner – so schön kann sauber sein.

Wer in Sauberkeit lebt, lebt besser. Arbeitet besser. Fühlt sich wohl.
Daran haben wir uns orientiert. Und haben durchdachte Lösungen entwickelt:

Abfallbehälter und Wertstoffsammler, die ein frisches Lebensgefühl vermitteln.
Die den verschiedenen Anforderungen und Besonderheiten angepasst sind:

Renner - Entsorgungsprodukte.

In Betrieb und Innenstadt, in Park und Industriehalle, am Rastplatz und in Freizeitanlagen.
Damit Mensch sich wohl fühlt. Und Abfall und Wertstoffe nicht auf dem Boden landen
sondern da, wo sie hingehören. In **Renner - Entsorgungsprodukte!**

www.metallwerke-renner.de

Kompetenz und Erfahrung für eine saubere Umwelt

Metallwerke Renner GmbH
Blechwarenfabrik & Feuerverzinkerei

Ostberg 7 - 11
D-59229 Ahlen

Tel.   0 23 82 / 98 999 - 0
Fax   0 23 82 / 98 999 - 10
e-mail: vertrieb@metallwerke-renner.de

Stadtgestaltung / Stadtmobiliar

RENNER GmbH

Und damit es schön ist, muß es sauber sein, gepflegt und aufgeräumt. Die Produkte der Metallwerke Renner helfen dabei: sie überzeugen durch Funktionalität im Detail und sind ansprechend in ihrer Form: unaufdringlich, aber markant; klassisch aber auch ein wenig verspielt; dennoch jung, bunt und voller Schwung und - aus gleichbleibend solidem Material und guter Verarbeitung. Ob feuerverzinkt, ob pulverbeschichtet, in Edelstahl, freistehend am Pfosten oder an der Wand befestigt, ob für drinnen oder draußen, ob mit oder ohne Deckel, groß oder klein: alles ist durchdacht und immer in hochwertiger Qualität.

Das alles bietet die Basis für die unterschiedlichsten Anforderungen in Unternehmen und Kommunen, Rastplätzen, Landwirtschaft oder privaten Haushalten.

Abfallbehälter mit Lang-/Dreieck-lochung zum Einbe-
Jedem Produkt merkt man die Sorgfalt an, mit der es

entstanden ist. Die Resonanz des zufriedenen Kundenkreises bestätigt das Konzept.

Renner präsentiert ein komplettes Leistungsspektum vom ersten Entwurf bis zur Auslieferung des Produktes. Motivierte Mitarbeiter mit langjähriger Erfahrung und der Einsatz von modernen Fertigungsmaschinen sorgen für erstklassige Erzeugnisse: alles gut geschützt gegen Korrosion und Witterungseinflüsse durch Feuerverzinkung (auch an unzugänglichen Stellen) und optisch brillant durch Pulverbeschichtung.

Nicht umsonst heißt es fast sprichwörtlich: RENNER – Kompetenz und Erfahrung für eine saubere Umwelt.

Abfallbehälter mit Lang- /Dreiecklochung und Bodenplatte

Besonderes Augenmerk verdienen die sofort auffallenden Ascher in Zigarettenoptik (können sowohl an Wänden als auch zusätzlich an Abfallbehältern angebracht werden)

Pfostenabfallbehälter mit Ascher

Pfostenabfallbehälter mit Ascher

Hundetoilette

und die funktionelle Hundetoilette von RENNER für Parkanlagen und Straßen:
Eine saubere und praktische Sache.
Und Grünanlagen und Fußgängerzonen bleiben, was sie sind: der Stolz ihrer Stadt.

Man kann auf neue Entwicklungen der Metallwerke RENNER gespannt sein

Doch bei allen Innovationen und Wandlungen fühlt sich RENNER dem Grundsatz verpflichtet: höchste Qualität, Flexibilität und kundennaher Service.

Neben einer Vielzahl an Serienfertigungen schafft REN-NER vor allem individuelle Problemlösungen – dank besonderer Kompetenz und Erfahrung.

RENNER setzt die Vorstellungen des Kunden in ein indi-viduel-les, hochwertiges Produkt um. Es dürfte kaum eine Form geben, die RENNER nicht aus Blech erzeugen kann. Dafür sorgt eine Stahlblechverarbeitung von 0,5 mm bis 18 mm. Dazu kommen das (Plasma-)Schneiden, Stanzen, Pressen Sägen, Biegen, Ziehen, CNC-Bearbeitung und alle bewährten Schweißtechniken.

Wandascher für Innen- und Außenbereich

www. **JOSTA**® .de

Fahrradparksysteme
Radstationen
Überdachungen
Wartehallen
Wohnumfeldgestaltung

Stadtgestaltung / Stadtmobiliar

JOSTA Parksysteme GmbH

10 Argumente sichern unseren Vorsprung

Es gibt eine Vielzahl von Fahrradständern, von denen die meisten jedoch einen entscheidenden Nachteil haben; sie funktionieren gar nicht, da sie dem Rad nicht den nötigen Halt geben oder sie sind bestenfalls für eine bestimmte Reifenbreite geeignet.

Dass Fahrradständer, bei denen die Gefahr besteht, dass das Fahrrad durch Umkippen beschädigt oder die Vorderfelge verbogen wird, nicht gerne benutzt werden, dürfte einleuchten. Da es sehr unterschiedliche Fahrräder verschiedenster Größen und Reifenbreite gibt, muss ein Ständer also so ausgelegt sein, dass er allen Fahrradtypen gleichermaßen guten und sicheren Halt gibt, ohne dass die Gefahr eine Beschädigung des Fahrrades besteht.

Dies ist bei dem Ständer der Firma JOSTA, der Fall.

Dieser Ständer, welcher zur Schonung der Räder und Felgen mit einem Kunststoffschlauch überzogen ist, ist nicht nur universell für die verschiedensten Reifenbreiten einsetzbar, sondern es sind auch mehrere Montagevarianten möglich. Er kann sowohl
als Einzelständer, wie auch als komplette Abstellanlage in Reihe, auch kreis- und halbkreisförmig, angebracht werden. Die Montage ist sowohl an der Wand als auch durch anschraubbare Bodenplatten oder in Fundamente eingelassen möglich. Außerdem besteht sie Möglichkeit, durch eine spezifische Ausgestaltung der (End-) Pfosten, die Abstellanlage dem Stadtbild anzupassen. Dieses gilt ebenfalls für die verschiedenen Möglichkeiten der farblichen Gestaltung.

Die weitgehend bodenfreie Ausführung dieser Ständer hat zudem den Vorzug, dass im Gegensatz zu den meisten sonst üblichen Ständerformen die Bodenreinigungsarbeiten kaum behindert werden. Angesichts dieser vielen Vorzüge ist es kein Wunder, dass unter anderem in der Stadt Münster – der deutschen Fahrradmetropole schlechthin – dieser Ständertyp zu finden ist.

Unser Produktionsprogramm umfaßt neben Fahrradhaltern auch Fahrrad-boxen, Fahrgast-Wartehallen, Carports, Rundüberdachungen, Bike- und Rideanlagen, zweistöckige Parkhäuser in Stahlbau sowie Produkte für die Wohnumfeldgestaltung.
Individuelle Sonderanfertigungen sind selbst bei Kleinstaufträgen möglich!

Seit 1997 rüstet JOSTA® Radstationen im In- und Ausland mit Erfolg mit dem doppelstöckigen Fahrradparker "JOSTA® Doppelparker" aus.

Der Doppelparker weist systemspezifische Merkmale auf, die entscheidend für die Wahl des Systems sind.

Benutzerfreundliches System für alle Nutzer – Männer, Frauen, Jugendliche - Das Fahrrad muß nicht komplett angehoben werden, sondern lediglich ein Einschieben in die verbreiterten Führungsschienen ist erforderlich. Dies gilt ebenso für die mit Rollen ausgestatteten unteren Führungsschienen.

Der Doppelparker der Firma JOSTA® ist ein bewährtes und erprobtes System, das bereits seit 1997 in 19 Radstationen im In- und Ausland mit Erfolg eingesetzt wird.

Der ADFC Düsseldorf spricht seine Empfehlung für das System "Doppelparker" der Firma JOSTA® aus.

Ebenso aus versicherungstechnischen Gründen hat dieses System den Vorzug, dass durch die selbst auslösende Feststellvorrichtung die Fahrräder beim Ausziehen der oberen Schiene nicht kippen können und somit evtl. Verletzungen und Unfallrisiken nahezu ausgeschlossen sind.
Auch in der Parkposition wird die bewegliche "obere Schiene" mittels einer "Haltesicherung" gegen Zurückrollen gesichert.

Die unteren Einstellungen sind vertikal und horizontal beweglich, um u. a. die Reinigung innerhalb der Abstellflächen in kurzer Zeit zu ermöglichen (geringe Folgekosten).

Spezialbügel für das Anschließen und Sichern der Fahrradrahmen.

JOSTA® Doppelparker können problemlos im Freien aufgestellt werden.

JOSTA® Doppelparker können entsprechend den Platzverhältnissen angepasst werden; 30° oder 45° Schrägeinstellung mit einer Bewegungsfläche ab 1000 mm.

Die Firma JOSTA® erfüllt alle Anforderungen, die an ein benutzerfreundliches und zeitgemäßes System gestellt werden.

IUT INDUSTRIE- UND
UMWELTTECHNIK GMBH

der
Umwelt
zuliebe

Unsere Produkte über-
zeugen durch ihre funktionale Zweckmäßigkeit,
zeitloses Design und ihre
solide Verarbeitung.

Außerdem glänzen sie
durch ihre hochwertigen
Materialien und individuelle
Oberflächengestaltung.

Düngstruper Str. 46
27793 Wildeshausen
Tel.: +49(0) 44 31 / 73 83-23
Fax: +49(0) 44 31 / 73 83-24
www.iut-umwelttechnik.de
info@iut-umwelttechnik.de

Edelstahlbänke

Abfallbehälter

Pflanzschalen

Fahrradparker

Sonderanfertigungen

Stadtgestaltung / Stadtmobiliar

IUT INDUSTRIE- UND UMWELTTECHNIK GMBH

Öffentliches Leben

IUT ist der Spezialanbieter für Stadtmobiliar

Für viele übt urbanes Leben einen ganz besonderen Reiz aus. Große Städte wachsen rasant an, viele ländliche Gebiete beklagen eine anhaltende Landflucht. Aber dort, wo es viele hinzieht und wo viele Menschen auf engem Raum zusammen wohnen, findet auch ein grofler Teil des privaten Lebens in der Öffentlichkeit statt: auf Plätzen, in Einkaufsstraflen, in Parks oder auf Spielplätzen. Für Ordnung und mehr Lebensqualität an diesen Orten wird von den Städten einiges getan. Neue Erholungsflächen oder die Modernisierung bestehender Anlagen gehören zu den Kernaufgaben moderner Stadtplaner.

Für diese Bereiche fertigt die Industrie- und Umwelttechnik GmbH (IUT) entsprechendes Stadtmobiliar. Unter diesen Begriff fallen beispielsweise Hänge- und Standbehälter für Abfall, Pflanzschalen, Öffentliche Ascheboxen und Parkbänke. Ebenso Ergänzungsmaterial wie Pfosten, Hülsen und Poller.

Weltweit aktiv

Als Spezialanbieter für Stadtmobiliar hat IUT sich bei Kommunen, Planern und Architekten einen Namen gemacht. Kunden auf der ganzen Welt schätzen heute die Flexibilität des Unternehmens aus Wildeshausen. Wie Bernd Braun, Sales Manager des Unternehmens, selbstbewusst beipflichtet: "Ein, geht nicht" wird ein

Kunde von uns nicht hören. Wir schließen auch schon mal nachts das Lager auf, wenn der Kunde es wünscht." Neben Zentraleuropa finden sich die IUT-Produkte auch in Amerika, Asien und Skandinavien. Neue Absatzmärkte werden derzeit in Osteuropa aufgetan.

Abfallbehälter sind auch Imageträger
Für Städte, Öffentliche Anlagen und Gebäude ist das Stadtmobiliar heute mehr, als nur ein Gebrauchsobjekt. Es ist die Visitenkarte und ein unverzichtbarer Imageträger einer Kommune. IUT-Produkte gehören zu einem urbanen Stadtbild dazu und sind fester Bestandteil einer geplanten und gestalteten Stadtarchitektur. Entsprechend sorgfältig werden diese Produkte von den Stadtplanern ausgesucht. Für die Auswahl werden extra eigene Kommissionen gebildet, die über Design, Material und vor allem über die Individualisierung der Produkte beraten.

Qualität, Design und Innovation
"Exakte Verarbeitung, Robustheit, Alltagstauglichkeit und Funktionalität der Produkte sind überhaupt erstmal die Eintrittskarte, um für Kommunen tätig zu werden", weiß Bernd Braun, Um aber den Mitbewerberneinen Schritt voraus zu sein, muss letztlich auch die Innovationsleistung, der Service und natürlich der Preis

stimmen." Parameter, an denen IUT seit 10 Jahren - und das ist entscheidend - kontinuierlich gearbeitet hat und unermüdlich weiter arbeitet.

Günstige und faire Einkaufsmöglichkeiten und Zulieferer, auf die man sich verlassen kann, sind ein Glücksgriff für das Unternehmen. Aber auch bei der Kreation neuer Produkte arbeitet IUT professionell. Die Zusammenarbeit mit Produktdesignern und Metallverarbeitern ist dafür die beste Vorraussetzung. So entstehen immer neue wetterfeste Produktlinien aus feuerverzinktem Stahlblech oder hochwertigem Edelstahl. Für jeden Geschmack von klassisch, historisch bis modern bietet IUT eigene Modellreihen.

Entsprechend den vom Stadtmarketing oder den Architekten festgelegten Gestaltungsvorgaben ist eine individuelle Farbgestaltung, auch in Sonderlackierung, möglich. Hochwertiger Siebdruck, der auf Kundenwunsch auch in Sonderfarben produziert wird, gehört ebenfalls zum Serviceangebot.

Edelstahl setzt neuen Trend

Das Kerngeschäft machen bei IUT natürlich die Abfallbehälter aus, einige tausend Stück werden in diesem Jahr das Werk verlassen, Tendenz steigend.

Der Trend geht klar zu Edelstahlbehältern. Klassiker, wie der gerundete "9300" oder der Stand-Abfallbehälter "3200", erhalten hauseigene Konkurrenz, durch die "Edel-Behälter", die mit elektropolierter bzw. glasperlengestrahlter Oberfläche glänzende Akzente in den öffentlichen Annlagen setzen.

Viele öffentliche Plätze, die zuletzt in den sechziger und siebziger Jahren ausgestattet wurden, werden durch das Engagement der Tourismus- und Marketingabteilungen der Stadt neu ausgestattet. Hat man doch erkannt, dass ein entsprechendes Wohnumfeld wichtiger Bestandteil des Wohlfühlgefühls und der Lebensqualität ist und gleichzeitig einen wichtigen Faktor für die Wirtschaftsförderung darstellt. Viel stärker ist heute auch die Nachfrage nach Ergänzungsprodukten, die IUT passend liefern kann. Auf der diesjährigen GALA-Bau in Nürnberg wurden beispielsweise neue Pflanzschalen und Ascherboxen für den öffentlichen Bereich und Sitzbänke für Grünanlagen und Parks dem Fachpublikum präsentiert.

urban basics®

RUNGE®
www.Durch-die-Bank-gut.de

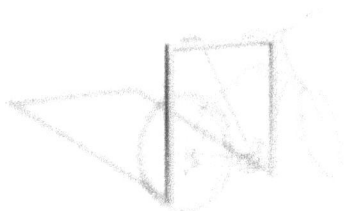

Q-Parker

Compactboy

120 L-Matrix

Bank Seniora

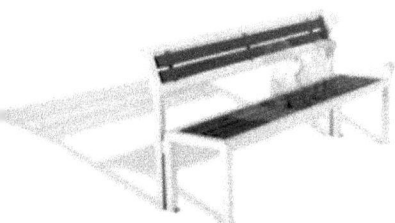

Bank Aurora

Rundbank Venus

Stadtgestaltung / Stadtmobiliar

Runge GmbH & Co.KG

Aurora – vielseitige Produktfamile im Bereich Außenmobiliar vorgestellt zur Gala-bau Nürnberg 2004 – FSC-zertifizierte Holzarten und ThermHolz

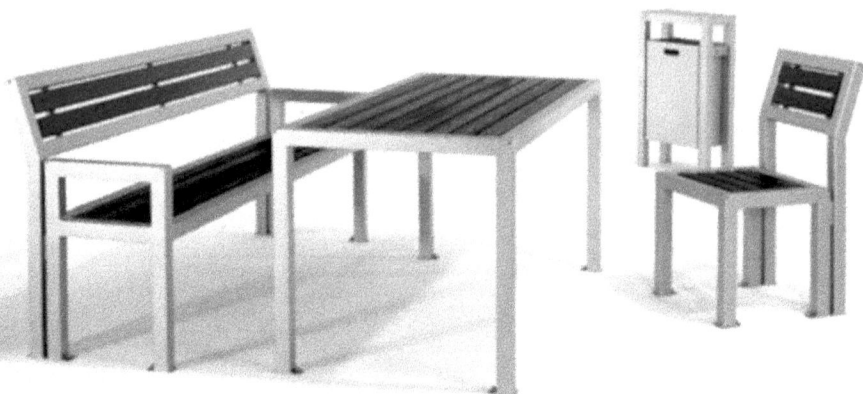

Der Außenmöbelproduzent Runge® hat das bekannte Basisprogramm urban basics® in neue Kleider gehüllt und um einige Produkte erweitert. Unter anderem die Produktfamilie Aurora, die durch ihre grosse Vielfalt besticht.

Aurora ist eine Eigenentwicklung des Runge-Designteams für urban basics® und umfasst Bänke und Stühle mit und ohne Rückenlehne. Tisch und Liege sowie Abfallbehälter, Fahrradständer und Poller komplettieren dieses Möbelsystem und bieten für jeden Anwen-dungsbereich das richtige Möbelstück.

Klare Linien bestimmen das Aurora-Design. Eingefasst in einem schlichten Stahlrahmen aus Quadratrohr werden als Sitz-, Liege- und Stellflächen ausschließlich hochwertige und wartungsarme Harthölzer wie Robinie, Niangon, FSC-Tropenholz oder thermisch veredeltes Holz verwendet.

FSC-zertifiziertes Tropenholz ermöglicht, äußerst wartungsarmes Holz mit all seinen guten Eigenschaften im Außenraum einzusetzen und gleichzeitig eine bessere Bewirtschaftung der Wälder weltweit zu fördern. Die Verwendung von FSC-zertifiziertem Tropenholz wird von der Bundesregierung und Umweltschutzorganisationen wie Greenpeace, BUND, WWF etc. befürwortet.

Auch die Nutzung von thermisch veredeltem europäischem Holz ist eine Alternati-

ve zu klassischem Tropenholz, da dieses Holz ganz ohne Chemie durch einen speziellen Wärmeprozess witterungsbeständig gemacht wird (Dauerhaftigkeitsklasse
1-2).
Die Runge GmbH & Co. KG ist seit 1908 ein führender Hersteller von Außenmobiliar. Vom reinen Produzenten von Parkmöbeln hat sie sich zu einem umfassenden
Systemanbieter entwickelt.

Kajenbank, Bremerhaven / Planung: Latz + Partner, Kranzberg

RUNGE® / Tel. 0541 50 55 2-0 / Fax: -22
info@runge-online.com /www.Durch-die-Bank-gut.de
Für weitere redaktionelle Informationen und Bildmaterial: pr@runge-online.com

Kreativer Stahlleichtbau hat einen Namen:

◯ZIEGLER®

Seit über 10 Jahren Ihr kompetenter Partner
für Stahlleichtbau und Freiflächengestaltung:
vielseitig & innovativ.

Alles aus einer Hand für:

Ämter, öffentliche Verkehrsbetriebe, Deutsche Bahn AG, Gemeinde-,
Stadt- und Kreisverwaltungen, Baugesellschaften, Architekten,
Garten- und Landschaftsgestalter, Gewerbe- und Industriebetriebe,
Hausverwaltungen und Verwaltungsgesellschaften.

◯ZIEGLER
Kreativer Stahlleichtbau

Gewerbepark am See 1
01920 Nebelschütz OT Piskowitz
Tel. 0 35 78 - 3 83 20 • Fax 38 32 75
www.ziegler-metall.de • info@ziegler-metall.de

Stadtgestaltung / Stadtmobiliar

ZIEGLER Metallbearbeitung GmbH

Ein starkes Programm auf einen Blick!

Kommunalüberdachungen und Zubehör
Wartehallen, Solartechnik für Wartehallen, Haltestellenausrüstung, Pavillons, Fahrgastinformationssysteme, Schaukästen, Vitrinen

Entsorgung und Abfallhandling
Abfallsammler, Abfall- und Wertstoff-Sammelstationen, Müllplatz-Einhausungen, Ascher für Innen und Außen, Mülltonnenund Abfallsäcke

Fahrradständer undÜberdachungen
Fahrradüberdachungen, Bike & Ride-Parkanlagen, Fahrrad-Abstellboxen, Fahrrad-Parker und Fahrradständer

Trennwände/Fertigräume/Carports
Gerätehäuser, Material- und Lagercontainer, Büro-Container, mobile Fertigräume für Innen und Außen, Trennwandsysteme für Büro und Betrieb, Gittertrennwandsysteme, Stahlbaubühnen, Pkw-Überdachungen

Eingangsüberdachungen und Gebäudeausrüstungen
Vordachsysteme, Eingangsüberdachungen für Büro- und Betriebsgebäude, Briefkastenanlagen, Beschilderung, Personenleitsysteme, Werbe- und Info-Systeme, Schaukästen, Bodenbeläge, Ausrüstung für Wäschetrockenplätze

Stadt- und Straßenmobiliar
Sitzbänke für Stadt/ Land/Park, Pflanzkübel, Spielplatzgeräte, Stadtmobiliar, Holzpavillions

Über 3000 Top-Angebote für drinnen und draußen – alles aus einer Hand!

Ausrüstung für Verkehrswege/Parkplätze/ öffentliche Flächen

Poller und Sperrpfosten, Rohrverbinder/Selbstbausysteme, Anlehn- und Absperrbügel, Geländersysteme, Parkplatz- und Diebstahlschutz, Absperrketten, Leit- und Warnsysteme, Beschilderung, Verkehrszeichen, Baumschutz, Geschwindigkeitsinfosystem, Fahnen und Fahnenmasten

Absperrung und Sicherung
Zäune und Toranlagen, Drehkreuze, Schranken, Wegesperren, Ramm- und Prallschutz, Verkehrs- und Beobachtungsspiegel, Gitterroste, Bodenmarkierungen, Streugutboxen, Kettenabsenker, allg. Betriebsbedarf, Schilder, Prüfplaketten, Anti-Rutsch-Beschichtung

Betriebs- und Kommunalausrüstung
Transportgeräte, Regale für Büro und Lager, Garderoben-schränke, Kantinentische und -stühle, Handkehrmaschinen, Befestigungstechnik, Stahlschränke

ZENTRALE:
E. Ziegler Metallbearbeitung GmbH
Gewerbepark am See 1 • 01920 Nebelschütz/OT Piskowitz
Tel. 0 35 78 - 3 83 20 • Fax 0 35 78 - 38 32 75
Verkaufsbüros:
CHEMNITZ/STOLLBERG
Tel. 03 72 96-146 36 • Fax 03 72 96-146 41
BERLIN
Tel. 030 -99 27 35 56 • Fax 030-99 27 35 57
STUTTGAR T/LEONBERG
Tel. 0 7152-35 69 17 • Fax 0 7152-35 69 18
www.ziegler -metall.de • info@ziegler -metall.de

*In punkto Stahlkonstruktionen bieten wir Ihnen einen kompletten
Rundum-Service – solide, preiswert und termingerecht:*

Beratung
Ob telefonische Anfrage oder *bei Ihnen vor Ort*, unsere kompetenten Berater stehen Ihnen gerne mit Rat und Tat zur Seite.

Planung
Gerne erarbeiten wir gemeinsam mit Ihnen und unseren Konstrukteuren und Architekten *individuelle Lösungen für Ihre Projekte.*

Fertigung
Know-how und modernste Fertigungstechniken garantieren Ihnen eine optimale Verarbeitung und termingerechte Produktion.

Montage
Unsere Produkte sind montagefreundlich konstruiert –Fundamentpläne erhalten Sie kostenlos mit der Auftragsbestätigung. Gerne übernehmen wir auch *deutschlandweit die Fundament-Ausführung und fachgerechte Montage*. Prüfstatiken erhalten Sie auf Anfrage (Aufpreis).

Garantierte Qualität nach VOB

Sonderkonstruktionen können nur von uns fachgerecht montiert bzw. errichtet werden. Und darauf können Sie sich verlassen: 2–5 Jahre Garantie bzw. Gewährleistung nach VOB.

z. B. ECE-Center, Dresden Planung, Konstruktion, Fertigung und Montage von insgesamt 62 Stück mit Edelstahl beplankten Verschattern zur Lichtsteuerung im Innenhof.

Alles aus einer Hand!

Seit rund 10 Jahren planen und fertigen wir auf über 24.000 qm Betriebsgelände mit modernsten Fertigungsanlagen in Nebelschütz/ Piskowitz.

Top-Qualität aus
eigener Produktion:

Vom Serienprodukt bis hin zu individuell nach Ihren Vorstellungen entwickelten Stahlkonstruktionen, bei uns genießen Sie immer den Vorteil des direkten und somit kostengünstigen Bezugs vom Hersteller. Wir projektieren, konstruieren, fertigen und montieren für Sie:
• Überdachungen für Eingänge, Bahnhofsvorplätze und Bushaltestellen
• Wartehallen

- Pkw-Schutzdächer
- Park + Ride-Anlagen
- Pavillons
- Zweiradüberdachungen
- Abfall- und Wertstoffsammelstationen

Auf unserer Pulverbeschichtungsanlage können bis zu 6 Meter lange Werkstücke pulverbeschichtet und bearbeitet werden.

Qualität im Detail:
Alle verzinkten Werkstücke werden für die optimale Oberflächenhaftung in der Strahlkabine gesweept (aufgerauht). In der Weiterbearbeitung verwenden wir zur Pulverbeschichtung ein hochwertiges Polyesterpulver.

Feuerverzinkt und pulverbeschichtet:
Das bedeutet höchste Qualität und lange Lebensdauer für alle Ziegler-Metallpro-dukte.

Stadtgestaltung / Stadtmobiliar

Benz & Fischer GmbH

alulines
- Systeme für den Freiraum -

Die Firma Benz & Fischer aus Bad Wimpfen produziert und vermarktet Baukasten-systeme aus Aluminium, Wegeleitsysteme, Bänke und Banksysteme, sowie weitere Ausstattungsprodukte. Hauptsächlich für die Verwendung in Außenanlagen, also für den Freiraum konzipiert und entwickelt, ergänzend aber auch für Bereiche an, auf und im Gebäude.

Die Grundkomponenten aller Produktlinien bestehen aus strapazierfähigen Mate-rialien. Verarbeitet wird Edelstahl, Stahl verzinkt und beschichtet, Aluminiums-trangpressprofile und witterungsbeständige Hölzer.
Endstücke oder Verbindungsteile sind meist aus Aluminiumguss oder Edelstahl. Die unterschiedlichen Aluminiumprofile lassen eine Vielzahl von Anwendungs-möglichkeiten zu, sodass sie multifunktional eingesetzt werden können .
Die entwickelten Aluminiumsysteme passen sich in Material- und Formensprache modernen Hochbauten an bzw. ergänzen diese gestalterisch.
Das Gestaltungsspektrum lässt sich durch Materialien wie Holz, Textilgewebe, Glas, Metallblechen, Kunststoff, Beton und Naturstein erweitern und ergänzen. Dem gestalterischen Anspruch des Planers kann dadurch Rechnung getragen werden. Diese gewollte Flexibilität entspricht auch dem Grundgedanken industrieller Serienprodukte, mit einer höchstmöglichen Bandbreite an gestalterischen und funktionalen Möglichkeiten der Individualisierung.
Dies betrifft nicht nur die Farbgebung und die Wahl der geeigneten Profile, son-dern auch die verschiedenen Varianten der Füllungen oder Verkleidungen. Grund-konzeption ist, dass der Anwender mit wenigen Komponenten auskommt, welche ineinander gesteckt, geklickt oder miteinander verschraubt werden. Montagen können so einfach und unkompliziert durchgeführt werden.

Liner System
Einfassungssystem für Belagsflächen, Vegetationsflächen oder Traufbereiche wel-ches ohne Fundamente im Unterbau vernagelt wird. Verschiedene Stabilitätsvari-anten und Profilhöhen für leichte bis höhere Druckbelastungen. Dachvariante mit Montageschiene. Eck- und Längsverbinder sowie Aufklippteile. Vielfältige profes-sionelle Anwendungsbereiche im gesamten Spektrum von Einfassungen im Außenbereich.

Auto-Stoppschwellen
Anfahrschwellen zur Begrenzung und Kennzeichnung von PKW Stellplätzen. Die Einschubleiste kann in jeder Länge mit der gewünschten Kennzeichnung beschriftet werden und ist jederzeit austauschbar. Das Einschieben der normalen KFZ Kennzeichen ist ebenso möglich. Die Rückseite kann für Werbemaßnahmen benutzt werden.

Stabroste und Baumroste
Aluminiumroste welche in jeder gewünschten Größe und verschiedenen Formen mit Distanzscheiben gefertigt werden. Ein universelles Auflage- und Einfassungssystem. Anwendungsbereiche über Decks, Balkonböden, Stege, Laubengänge, Abtretroste oder Lichtschachtabdeckungen bis hin zum breiten Spektrum maßgefertigter Baumroste. Auch für Schattendächer, Sichtschutzwände oder Verblendungen geeignet.

Pflanzkübel aus Aluminium
Pflanzkübel aus doppelwandigen, stabilen Aluminiumprofilen mit zwei wählbaren Oberflächenstrukturen . Eckprofile für rechtwinklige Kübel oder Scharnierprofile für spitz- oder stumpfwinklige Kübel. Weich geformte Randabschlußprofile mit

integrierter Klemmlasche für Folien oder Schutzvliese. Verschiedene Formen von dreieckig bis quadratisch. Verschieden Größen und Höhen je nach Anforderung auf Maß.

Hochbeeteinfassungen
Einfassungssystem mit Profilen wie bei Pflanzkübeln, jedoch für Hochbeete, insbesondere auf Dachflächen. Durch Winkel- und Auflageplatten keine Durchdringungen der Dachhaut. In jeder Länge mit Verbindungs- Steckprofilen erweiterbar. Einbaumöglichkeit in verschiedenen Höhen und integrierte Versteifungen je nach Belastung.

Tiefbeete, Sandkästen und Stufen
Einfassungssystem wie bei Hochbeeten jedoch weitestgehend unterhalb der Oberfläche. Bei Tiefbeeten und Baumscheiben als Schutz gegen das Wurzelwachstum in den umgebenden Belag. Bei Sandkästen als abgerundete, weiche Einfassung mit gleichzeitiger Funktion als Belagseinfassung. Bei Stufen als Stellkante für variable Stufentiefen entsprechend dem jeweiligen Belagsraster.

Geländer-Handlaufsystem
Geländerpfosten mit verschiedenen Befestigungsmöglichkeiten und Einschubprofilen zur Auskleidung der Zwischenfelder mit jedem gewünschten Material vor, zwischen oder hinter den Pfosten. Ergonomisch geformte elyptische Handlaufprofile mit Abschlußkappen. Verbindungselemente aus Einschubprofilen und Edelstahlbolzen zwischen Pfostenkopf und Handlauf, welche in sich jeder gängigen Gelände oder Treppenneigung anpassen.

Rankmasten und Spaliere
Verschieden Profile von Rankmasten mit unterschiedlichen Wandhalterungen. Einschubprofile zur Befestigung von Spalierfüllungen aus Rohren, Spanndrähten, Holzlatten, Metallgeweben oder anderen geeigneten Materialien vor, zwischen oder hinter den Rankmastprofilen.

Sichtschutzwände und Boxen
Verschiedene Pfostenprofile wie vor zum Einbetonieren oder Verschrauben Variable Grundrißformen auf Maß. Freie Wahl der Art der Seitenwände von Holz über Metall bis hin zu Glas,- transparent, halbtransparent oder undurchsichtig. Möglichkeiten zur integrierten Befestigung von unterschiedlichen Schutzdächern oder Pergolen. Der Einbau von Türelementen in der gleichen Materialsprache kann ebenfalls angeboten werden.

Dächer, Carports, Pergolen
Verschiedene Pfosten- und Trägerprofile zum herstellen unterschiedlichster Dach und Pergolenkonstruktionen. Die Dachkonstruktionen können abgehängt, zwischen den Querträgern befestigt oder aufgeständert geplant und montiert werden.

Als Dachmaterial werden standardmäßig Trapez- und Wellbleche, Alu-Wabenplatten und Kunststoff–Stegplatten angeboten. Die Seitenwände können mit unterschiedlichen Materialien verkleidet werden.

Möblierungssysteme
Fahrradständern und verschiedene Pollersysteme, sowie Banktypen und Banksysteme wie z.b. die Piazollaserie. Ein flexibles Baukastensystem zur Erstellung von Ebenenin gleicher oder unterschiedlicher Höhe aus selbsttragenden Leistenrosten.

Wegeleitsystem FRITZ
Ein stabiles und belastbares System aus Stahlmast verzinkt und beschichtet Bleche, Gussteile und Profile aus Aluminium.
Ein, zwei und dreizeilige Wegweiser, Quartier- und Stadtplaninfos, Sondergrößen, Info- und Plakatstelen .

Stadtreinigung / Reinigungsmaschinen

Hako-Werke GmbH

Hako-Citymaster 300 pflegt Straßen, Wege und Rabatten

Mit auffallender Sauberkeit präsentiert sich das Mischgewerbezentrum in der Holzhauser Straße 140-164 in Berlin-Reinickendorf. Diese Sauberkeit liegt in den Händen des französischen Konzerns "Elyo". Innerhalb des 125.000 m² großen Gewerbegebiets setzt "Elyo" fürs maschinelle Reinigen einen Citymaster 300 ein, der im Hause Hako-Werke in Bad Oldesloe gefertigt wird.

Der Hako-Citymaster 300 sorgt aber nicht nur für die signifikante Sauberkeit auf Parkplätzen, Gehwegen und Straßen in diesem Gewerbegebiet, er eignet sich auch bestens zum Aufsaugen des Laubs, das sich teilweise in den Rabatten richtig "festkrallt". Um dieses effizient aufsaugen zu können, ist der Hako-Citymaster 300 optional mit einem Handsaugschlauch ausgestattet. Der ist mit wenigen Handgriffen betriebsbereit, so dass sich dann die volle Saugkraft des geräuschgedämmten, hydraulisch angetriebenen Mehrflügel-Hochleistungsverdichters voll auf den Handschlauch richtet. Mit dem drei Meter langen Saugschlauch lassen sich nicht nur Rabatten und Grünstreifen säubern, er dient auch zum bequemen Entleeren von Papierkörben und Regeneinläufen.

Zu den Vorzügen des geschickt gestalteten Hako-Citymaster 300 gehört die leichtgängige, vollhydraulische Knicklenkung, die einen Lenkeinschlag bis 42 Grad ermöglicht. Durch diese Beweglichkeit umfährt der Hako-Citymaster 300 nicht nur parkende Autos, seine Breite von nur 1100 Millimeter erlaubt es, schmale Stellen zu passieren. Darüber hinaus bietet er eine hervorragende Bordstein- Kletterfähigkeit bis 130 Millimeter.

Der Hako-Citymaster 300 sorgt aber nicht nur saubere Flächen, er selbst arbeitet sehr sauber. Dazu besitzt er ein wirksames Trockenfiltersystem. Das bewirkt einen Abscheidegrad von mehr als 99,5 Prozent. Eine elektrische Abschüttelvorrichtung sorgt sowohl für die stabile Filterfunktion als auch für die kontinuierliche Wirksamkeit des Saugsystems. Eine zweite, staubschützende Maßnahme ist das fein dosierte Besprühen des aufzusaugenden Kehrguts.
Gespeist vom Frischwassersystem mit elektrischer Wasserpumpe gelangt das Wasser, feinfühlig vom Fahrer dosiert, zu den Düsen an den beiden Tellerbürsten sowie zu den Düsen im Saugschacht. Diese optimale Befeuchtung des Kehrguts unterdrückt die Staubentwicklung beim maschinellen Reinigen wirksam.
Das Kehrgut gelangt auf direktem Weg in eine 240-Liter-Standardmülltonne, die

sich im Heckteil des Hako-Citymasters 300 befindet. Eine hydraulische Schnell-wechseleinrichtung sorgt für's bequeme und entsprechend zügige Auswechseln solcher Mülltonnen. Trotz der kompakten Gestaltung bietet die Kabine dem Fahrer besten Komfort. Alle Bedienelemente sind ergonomisch angeordnet. Der luftgefe-derte Komfortsitz lässt sich mühelos auf das Gewicht des Fahrers einstellen. In der höchsten Ausstattungsvariante besitzt die Kabine nicht nur eine Heizung, sondern auch eine Klimaanlage.

Hako-Werke GmbH

Wendig und schmal gestaltet, passiert der Hako-Citymaster 300 auch schmale Stellen und Zufahrten.

Rabattenpflege mit dem drei Meter langen Saugschlauch.

Die hydraulische Schnellwechseleinrichtung sorgt fürs zü-gige Auswechseln der 240-Liter-Standardmülltonne. Der Hako-Mülltonnenkipper sorgt für eine ergonomisch siche-re und bequeme Entleerung des Kehrguts.

Kehrmaschine beendet unhaltbares Provisorium

Länger war der Zustand im vornehmen Ostseebad Timmendorfer Strand / Niendorf der Stadtreinigung nicht zuzumuten. Täglich rückten die Männer vom Bauhof mit Eimern, Besen und Schaufeln aus, um die rund 50.000 qm hochwertig versiegelte Flächen zu reinigen.

Oft borgte man sich eine Reinigungsmaschine im Nachbarort ...

Wegen der hohen Luftqualität ist der Kurort ganzjährig gut besucht - da geht viel zu Boden. „Normalschmutz" (Zigarettenkippen, Speisereste, Verpackungsmüll usw.) verbindet sich hier nicht nur mit Blättern, Blüten usw. sondern auch mit Seesand zu einem Film, der es dem Reinigungspersonal schwer macht. Im Frühjahr 2003 gab es endlich einen Gemeindebeschluss für den Erwerb einer eigenen Kommu-

Wenn nahe am Besucherstrom und Außenrestaurants gereinigt werden muss, kommt es auf niedrige Emissionswerte und staubfreies Arbeiten an. Der Hako-Citymaster 1800 TDI verfügt serienmäßig über Euro 3 und unterschreitet deshalb die Grenzwerte erheblich.

Bei hochwertigen Pflasterungen kann die Wasserzufuhr an den Tellerbesen erhöht werden, damit die Reibung weniger schadet.

Besonders in Strandnähe verbinden sich „Normalschmutz", Blätter und Blüten mit Seesand zu einem hartnäckigen Film

nalreinigungsmaschine.

Unter strengen Auswahlkriterien und Tests mit Maschinen konkurrierender Anbieter bekam ein „Hako-Citymaster 1800 TDI" den Zuschlag.

Man wählte zum Grundmodell ein Kombigerät für die wirtschaftliche (Kehrbreite bis 250 cm) und Belag schonende Großflächenreinigung, Anbausätze zum Schneeräumen und Streuen, einen Wildkrautbesen für die Beseitigung von Wildkrautbewuchs, einen flexiblen Handsaugschlauch für Winkel und Gullis und eine 2-Mann-Komfortkabine mit Klimaanlage und guter Rund-um-Sicht. Dem Bauhof kam es nicht nur darauf an, eine Reinigungsmaschine mit einem günstigen Preis-Leistungsverhältnis zu haben. Man wollte auch sicher sein, dass bei Störungen eine hundertprozentige Verfügbarkeit gegeben ist, z.b. Tag-und-Nacht-Service, Ersatzmaschine usw. Zudem ist es in sensiblen Kurbereichen wichtig, dass bei niedrigen Emissionswerten staubfrei gekehrt werden kann.

Man entdeckte aber noch mehr angenehme Seiten: eine enorm wendige Maschine, einzeln steuerbare Tellerbesen und die Möglichkeit, auch rückwärts zu kehren. Für Reparatur, Wartung und Pflege kommt man überall leicht und werkzeuglos heran. Der Clou: Im Cockpit sorgen Symbole und Pictogramme, Tipptasten und Joysticks dafür, dass Stadtreinigung auch ein Vergnügen sein kann.

Hako-Werke GmbH

Neue Schalldämmung für Hako-City-Kehrmaschinen.
TÜV-geprüft und bestätigt.

Mit der im Jahr 2000 veröffentlichten Richtlinie 2000/14/EG des Europäischen Parlaments sollen die Lärmschutzvorschriften für im Freien verwendete Geräte und Maschinen länderübergreifend harmonisiert und die Geräuschemissionen gesenkt werden.

In Deutschland wurde diese Richtlinie mit der Anfang September 2002 in Kraft getretenen Geräte- und Maschinenlärmschutzverordnung (32. BImSchV) umgesetzt. Ergänzend zur Europäischen Richtlinie regelt diese in § 7 ff auch den Betrieb der Geräte und erlässt für bestimmte Bereiche zeitliche Betriebsbeschränkungen. So dürfen alle im Anhang der Verordnung genannten Geräte – darunter auch Kehrmaschinen – u. a. in Wohngebieten, in Sondergebieten, die der Erholung dienen oder in Kur- und Klinikgebieten an Sonn- und Feiertagen ganztägig sowie an Werktagen in der *Zeit von 20:00 Uhr bis 7:00 Uhr nicht betrieben werden.*

Damit hat die neue Lärmschutzverordnung erhebliche Auswirkungen auf den Betrieb von Kehrmaschinen in Kommunen und trifft diese hart – insbesondere im Hinblick auf die angespannte wirtschaftliche Situation der Stadtkassen. Denn ein hoher Anteil der Kosten der kommunalen Straßenreinigung liegt in den Personal- und Maschinenkosten. Diese Kosten können nur durch eine höhere Maschinenauslastung sinken. Um wirtschaftlicher zu arbeiten, haben daher viele Städte in den letzten Jahren auf Schichtbetrieb umgestellt, arbeiten also in der Regel von 6 Uhr morgens bis 22 Uhr. Mit der neuen Lärmschutzverordnung ist das normalerweise jetzt alles wieder hinfällig, denn „laute" Maschinen wie z.B. Kehrmaschinen dürfen in Wohngebieten nur noch von 7:00 bis 20:00 Uhr betrieben werden. Ein wirtschaftlicher Zweischichtbetrieb oder das notwendige Reinigen nach Ladenschluss sind so nur noch schwer zu realisieren.

Für „leise" Maschinen besteht jedoch die Möglichkeit, bei der zuständigen Behörde eine Ausnahmegenehmigung zu bekommen. Die Bad Oldesloer Hako-Werke haben sich daher speziell bei diesem sensiblen Bereich der Außenreinigungsmaschinen

Reinigung im Innenstadtbereich z.B. von 20: 00 bis 7:00 Uhr morgens: Mit entsprechender Ausnahmegenehmigung aufgrund der speziellen Schalldämmung kein Problem.

Schallgedämmt und dennoch volle Leistung
Damit Kommunen ihre Aufgaben rationell planen und durchführen können, ohne die in der Lärmschutzverordnung genannten zeitlichen Beschränkungen berücksichtigen zu müssen, haben die Hako-Ingenieure eine Lärmdämmung, die oben auf den Citymaster aufgebaut wird und die den am Abluftaustritt entstehenden Schall der Saugturbine nahezu vollständig dämpft für den Citymaster 1800 entwickelt. Der ganze zusätzliche Aufbau misst nur etwa zehn Zentimeter in der Höhe, ist also kaum höher als eine auf der Fahrerkabine montierte Warnblinkleuchte.

mit dem Thema "Geräusch" intensiv auseinandergesetzt und dabei schon sehr viele Innovationen umgesetzt. So wurde z.b. der Hako-Citymaster 1800 TDI mit einem zusätzlichen Lärmdämmpaket ausgestattet, welches die Geräuschemissionen noch einmal drastisch reduziert, ohne dass dadurch die Saugleistung beeinträchtigt wird. TÜV-geprüft und bestätigt.

Einzigartig in dieser Klasse: Schallleistungspegel nur 99dB(A) (Messung unter Last nach DIN EN ISO 3743). Das ausführliche TÜV-Prüfprotokoll stellen wir Ihnen auf Anfrage gerne zur Verfügung.

Das kommunale Hako-Mietkonzept

Gebeutelt durch enorme Steuerausfälle haben die kommunalen Verwaltungen immer größere Probleme, ihre dringend erforderlichen Investitionen im Bereich der Maschinenbeschaffung zu tätigen. Eine Möglichkeit für Kommunen, ihren Reinigungs- oder Grundstückspflegeaufgaben trotz dieser Situation mit neuer Technik nachzukommen, stellt das nachfolgende Modell dar.

Das Problem
Wenn Finanzmittel im Vermögenshaushalt gestrichen werden bzw. Neuanschaffungen bei der Haushaltsplanung nicht vorgesehen sind, wird üblicherweise der Unterhaltungshaushalt aufgestockt, um die zu erwartenden Mehrkosten für die höheren Reparaturen der immer älter werdenden Maschinen aufzufangen.

Ein Teufelskreis
Häufig werden in dieser Notlage überalterte Maschinen für hohe Summen aus dem Unterhaltungshaushalt repariert und gleichzeitig neue Finanzmittel für den Vermögenshaushalt des nächsten Jahres zum Kauf einer neuen Maschine beantragt – ohne zu wissen, ob diese Mittel dann wirklich zur Verfügung stehen werden.

Eine wirtschaftlich bedenkliche Entscheidung, denn im nächsten Jahr kann es zu weiteren hohen Reparaturen kommen, wenn der Vermögenshaushalt nicht genehmigt wurde.

Einen Leasingvertrag über eine neue Maschine kann die "klassische" Kommune auch nicht abschließen, denn nach geltenden Haushaltsrecht müssen die kompletten Mittel für einen Leasingvertrag im Vermögenshaushalt vorhanden sein, sonst darf ein den Jahresetat überschreitender Vertrag nicht abgeschlossen werden.

Die Lösung = das kommunale Hako-Mietkonzept
Da die "klassische" Kommune aus den oben beschriebenen Gründen nicht leasen und keinen Vorgriff auf den neuen Vermögenshaushalt tätigen, also nicht investieren kann, kommt hier nur eine Miete mit folgenden Vorteilen in Betracht, z.B.:
Eine Kurzzeitmiete zur Überbrückung von Ausfällen und Spitzenbelastungen oder eine Langzeitmiete mit unbegrenzter Laufzeit
- als Überbrückung, bis Mittel wieder im Vermögenshaushalt verfügbar, bzw. genehmigt sind.
- oder einfach als Mietmaschine mit offener Laufzeit und fixen monatlichen Kosten, da ein Ansatz im Vermögenshaushalt nicht realisierbar ist.

Die monatlichen Mietbeträge können aus dem Unterhaltshaushalt bestritten werden, anstelle der hohen Reparaturen.

Die Hako-Maschinen stehen in handelsüblicher Ausstattung in Form eines Neumaschinen-Pools zur Verfügung und werden zentral verwaltet - d.h. die Überbrückung erfolgt sofort mit einer Neumaschine, die nach Ablauf der Mietzeit zu einem fest definiertem Restwert übernommen werden kann.

Fazit:
Gestützt auf eine qualifizierte individuelle Beratung bietet das kommunale Hako-Mietkonzept der Kommune eine interessante Alternative, trotz fehlender Investitionsmittel, sofort Maschinen für die Bewältigung der vielfältigen Aufgaben in den Bereichen Reinigung und Grundstückspflege einsetzten zu können.

Hako-Werke GmbH
Hamburger Str. 209-239
D-23843 Bad Oldesloe
Telefon: (04531) 806 365
Telefax: (04531) 806 338
e-mail: info@hako.com
Internet: www.hako.com

setting standards

... in der Reinigungstechnik

Reinigungskosten...
reduziert !

Top Qualität zum Sparpreis!

Zuverlässige Scheuersaugmaschinen mit
leicht wechselbarem Zubehör garantieren
langfristige Investitionssicherheit

BA 430S   BR 600S

Schrubben - und die verbleibende Nässe in einem Arbeitsgang sofort aufsaugen - das ist die Aufgabe der
batteriebetriebenen Scheuersaugmaschinen. Ob die handgeführte **BA 430S** für den schnellen Einsatz auf
allen Hartböden oder der wendige Aufsitzer BR **600S** mit dem "Bürstdeck-Wechsel-Dich" Prinzip, alle
Reinigungsmaschinen von Nilfisk-Advance steigern die Reinigungseffizienz und reduzieren die Kosten.

Gewerbesauger - Scheuersaugmaschinen - Kombimaschinen - Einscheibenmaschinen - Poliermaschinen - Kehrmaschinen

Nilfisk Advance

setting standards

Nilfisk-Advance AG   Siemensstr. 25 - 27   25462 Rellingen   www.nilfisk-advance.de

Stadtreinigung / Reinigungsmaschinen

Nilfisk-Advance AG

Saubere Lösungen reduzieren die Kosten

In den Kommunen sind die Reinigungsprobleme ebenso vielfältig wie die Lösungen, die Nilfisk-Advance anbieten kann. Das Unternehmen hat durch Übernahmen und Kooperationen seine Produktpalette nicht nur im Bereich der Reinigungstechnik erheblich erweitert, sondern auch seine Marktposition nachhaltig ausgebaut. Nilfisk-Advance ist heute weltweit der führende Anbieter von professioneller Reinigungstechnik.

Straßenkehrmaschinen sind die aktuellen Produkte dieser Entwicklung. Durch die Übernahme des bekannten Kehrmaschinenherstellers Ecologica konnte die Produktpalette nach oben hin abgerundet werden. Bei den Modellen RS 500, RS 850 und RS 1300 handelt es sich um kompakte Aufsitz-Kehrmaschinen, die bei der Reinigung in Außenbereichen, wie z.b. Gehwege, Parkplätze, Fußgängerzonen oder Einkaufsstraßen, zum Einsatz kommen.

Die drei "Schwestern" unterscheiden sich sowohl in ihrer Arbeitsbreite als auch in dem Fassungsvermögen des Kehrgutbehälters. So beträgt die Arbeitsbreite des kleinsten Modells, der RS 500, 1600 mm. Der großvolumige Kehrgutbehälter kann bis zu 450 Liter Schmutz aufnehmen und in einer Höhe von 1400 mm hydraulisch in alle gängigen Standard-Abfallcontainer entleert werden.
Die beiden größeren Modelle RS 850 und RS 1300 verfügen beim Einsatz des optionalen dritten Seitenbesens über eine Arbeitsbreite von max. 2100 mm, wobei die RS 850 ein Behältervolumen von 850 Litern hat. Die RS 1300 verfügt mit einem Volumen von 1300 Litern über den größten Kehrgutbehälter. Die Möglichkeit der hydraulischen Hochentleerung ist bei allen Modellen gegeben.

Mit einer maximalen Gesamtkehrleistung von 17.500 m^2/h beim kleinsten Modell und einer maximalen Leistung von 25.500 m^2/h beim größten Modell haben Sie die Möglichkeit, eine Maschine zu wählen, die Ihrem Bedarf entspricht. Angetrieben werden die Maschinen von Dieselmotoren, die den strengen Richtlinien der EURO2(bzw. EURO3)-Norm entsprechen und somit als umweltfreundlich gelten.

Eine Sonderstellung nimmt die pendelnd aufgehängte Hinterradachse ein, die es den Maschinen erlaubt, Bordsteine mit einer Höhe von bis zu 17 cm ohne Kippgefahr zu bezwingen. Auch wenn nicht alle Räder auf einer Ebene sind, ist so ein optimales Reinigungsergebnis gewährleistet.

Eine breite Ausstattungspalette ermöglicht eine Vielfalt an Einsatzmöglichkeiten. Schneeräumanbau oder ein Absaugschlauch zur Beseitigung von Laub oder eine Hochdruck-Reinigungseinrichtung sind nur zwei Beispiele. Um dem Fahrer einen Kehreinsatz zu allen Jahreszeiten zu ermöglichen, gibt es alle Modelle mit Heizung serienmäßig. Für die RS 1300 ist auch die Klimaanlage inklusive.

Die drei Straßenkehrmaschinen überzeugen nicht nur durch innovative Technik. Auch das gelungene Design spricht für sich selbst. Es ist kompakt, verfügt über eine hervorragende Ergonomie. Dadurch sind die Maschinen sehr leicht zu bedienen.

Kehrmaschinen, wie die handgeführte SW 700S, eignen sich für den Einsatz auf mittleren bis kleinen Flächen. Sie ist bis zu sechsmal schneller als manuelles Kehren und damit außerordentlich wirtschaftlich. Die SW 700S reinigt mehr als 3000 m²/h. Die überdurchschnittliche Effizienz resultiert aus dem hochwirksamen Kehrsystem und der effektiven Absaugung. Werkzeuglos einstellbare Hauptkehrwalze und Seitenbesen sorgen für konstant gleich bleibende Schmutzaufnahme. Schmutz und Abfall gelangen nach dem "Überwurfprinzip" in den 40 l fassenden Behälter, der für den leichten Transport mit Griff und Rädern versehen ist.

Die SW 700 kann, wie die meisten Kehrmaschinen von Nilfisk-Advance, wahlweise mit Benzin- oder Batterieantrieb geliefert werden. Für den Einsatz auf großen Teppichflächen wird die Maschine mit einer speziellen Hauptkehrwalze ausgestattet. Der Bürsten- und Filterwechsel erfolgt ohne Werkzeug. Das reduziert die Wartungskosten auf ein Minimum. Auch die simple, aber zuverlässige Getriebekonstruktion macht die Maschine erstaunlich wartungsfreundlich.

Scheuersaugmaschinen gibt es ebenfalls als Aufsitzer und als Nachläufer.
Das Modell BR 600S gilt als die wohl wendigste Aufsitz-Scheuersaugmaschine, die der Markt z. Zt. bieten kann. Bei einer Arbeitsbreite von 610 mm kann sie bis zu 3.700 m²/h reinigen. Damit kann sie ihre Stärke besonders in Hallen, Festsälen und großen Verwaltungsgebäuden beweisen. Der starke Batterieantrieb macht sie 6 km/h schnell und das zu einem sagenhaft günstigen Preis-/Leistungsverhältnis.

Was die BR 600S bei den Aufsitzern, ist die BA 410 bei den handgeführten Scheuersaugmaschinen - leistungsstark und wendig mit günstigem Preis-/Leistungsverhältnis. Die BA 410 ist so wendig wie eine kleine Maschine mit Walzenbürsten, bietet aber mit ihren Tellerbürsten eine qualitativ höhere Reinigungsleistung. Auch dieses Modell bietet den werkzeuglosen Bürsten- und Absaugleisten-Wechsel, die simple Bedienung und ein robustes Gehäuse aus rotiertem Polyethylen. Ungewöhnlich in dieser Preiskategorie ist auch das eingebaute Batterieladegerät.

In Schulen, Kantinen, Pflegeheimen und Verwaltungen eingesetzt, reinigt die BA 410 bis zu 1.720 m² Hartbodenfläche in der Stunde.

Gewerbesauger haben das hervorragende Image von Nilfisk-Advance begründet. Nass- und Trockensauger für nahezu jede Anforderung beweisen die Praxisnähe der Konstrukteure.

Wenn es um die gründliche Reinigung bei beengten Platzverhältnissen geht, ist der außergewöhnlich ergonomische Rucksack-Sauger BACKUUM™ die richtige Wahl. Das ergonomische Design basiert auf einer zweiteiligen Konstruktion. Sie garantiert nicht nur eine bessere Gewichtsverteilung, sondern sorgt zusätzlich für höheren Tragekomfort.
Völlig losgelöst, so saugt man heute mit der Batterieausführung des BACKUUM™.
Leistungsstarke handliche Akkus, die bequem auf der Hüfte getragen werden ver-

sprechen eine extrem lange Laufzeit. Ein Spezialmotor sorgt dafür, dass eine starke Saugleistung überall dort genutzt werden kann, wo sie benötigt wird. Auf Leitern, Gerüsten und schmalen Treppen behindert kein Stromkabel die Arbeit. Bis zu 3,5 l Schmutz und Staub können so in die Tüte gesaugt werden.

Produktübersicht. Neben den aufgeführten Produktgruppen kann Nilfisk-Advance auch Industriesauger, Kombimaschinen (kehren, schrubben und saugen in einem), Einscheibenmaschinen, Poliermaschinen und Teppichreinigungsmaschinen anbieten. Von dem umfangreichen Produktprogramm abweichende Kundenwünsche (Sonderanfertigungen) können vom Europäischen Zentrum für spezielle Anwendungen (in Rellingen) realisiert werden.

Kommunaler Beschaffungsmarkt

Hier finden Sie interessante Unternehmen
die Ihre Produkte und Dienstleistungen an
die Kommunen und andere Einkaufsstellen
anbieten. Sie sind hier immer aktuell infor-
miert. Schnelles Finden von Produkten und
Dienstleistungen. Direkte Kontaktmöglich-
keiten zu den Anbietern.

Einfache Aufteilung

Eine Aufteilung nach Rubriken leitet Sie
schnell zu den Informationen, die Sie für
Ihre Einkaufsplanung benötigen. Hier finden
Sie Firmenprofile, aktuelle Angebote,
Pressemitteilungen und den direkten Kon-
takt zu den Anbietern.

Schon gelesen?

Das Pressecenter. Hier finden Sie aktuelle
Pressemitteilungen rund um die kommunale Beschaffung. Sortiert nach Meldungen
der einzelnen Unternehmen oder Rubriken
werden Sie schnell die für Sie interessanten
Mitteilungen lesen können.

eingelogt!

Anbieter von Produkten und Dienstleistung-
en, kommunale Pressestellen oder Presse-
dienstleister finden hier durch Passwort-
eingabe im Loginbereich die Möglichkeit,
rund um die Uhr aktuelle Informationen zu
veröffentlichen oder zu modifizieren.

Für Ihre Notizen